도장
속에 핀꽃

도장 속에 핀 꽃

김춘자 수필집

수필과비평사

작가의 말

  흐드러지게 핀 아카시아 향기가 가슴을 설레게 하는 오월.
  나는 살아온 발자국마다 겨자씨를 뿌리고, 가꾸고 수확하여 나눠주며 기쁜 마음으로 살아간다.
  부모님께서 날개를 달아주셨고, 날갯짓할 때 즈음 부족한 갈비뼈 하나를 찾아 온전한 내가 되었다.
  우리 부부는 다섯 열매를 맺었다.
  다섯 열매는 열이 되었고, 열은 아홉이 더해져 열아홉이 되었다.
  우리는 모두 낮에도 낯을 보는 이유로운 직업을 가졌고 비틀어 피는 타래난초처럼 서로를 의지하며 살아간다.
  내 속에 잠자고 있는 속내를 글로 풀어내고 상대를 이해하며 살려고 노력한다.
  나는 내 삶에 《도장 속에 핀 꽃》을 발간하게 되어 기쁘다.

2025년 5월

김춘자 수필집

차례

작가의 말 _ 5

아들 사위 남는 장사	_ 15
도장 속에 핀 꽃	_ 18
길	_ 22
담금질	_ 26
퉁소 소리	_ 30
엄마의 바다 옻 된장	_ 35
꽃 진 자리	_ 39

제1부
도장 속에 핀 꽃

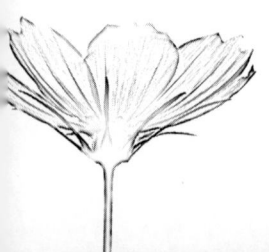

제2부

내 삶에
달뜬 날

내 삶에 달뜬 날	_ 45
심을 품은 바다	_ 48
내 마음에 달 풍년들고	_ 52
더 바랄 나위 없지	_ 55
윤달 드는 해 하는 효도	_ 59
농부의 마음	_ 63
한가위를 앞두고 있었던 일	_ 67

김춘자 수필집

도장 속에 핀 꽃

제3부
**내 삶에
바다는**

바다에서 안식을 얻다	_ 73
나의 경제학 선생님	_ 77
목욕탕 청소하는 여자	_ 81
특별한 선물, 술 석 잔	_ 84
엄마 품처럼 포근해지기까지	_ 87
삶은 뜸들이기	_ 91
황금빛 은행	_ 95

제4부

어우렁더우렁

어우렁더우렁	_ 101
먹감나무	_ 104
봄과 함께 왔다 간 아이	_ 108
봄날은 함께 걸어요	_ 113
도화 따라 떠나는 시간여행	_ 116
모르고 살았네요	_ 119
보배로운 향기	_ 123

김춘자 수필집

커피, 그 역사를 알아가는 단초	_ 129
커피는 다 같은 맛일까	_ 132
스페셜 커피란	_ 135
춤추는 카페쇼	_ 138
봄은 희망이다	_ 142
영덕게	_ 145
저승길 밝히는 꽃등	_ 149

제5부
춤 추는
카페쇼

도장 속에 핀 꽃

제6부

안식을 준비하다

긴긴 겨울 어이 날꼬	_ 155
아름다운 어느 봄날	_ 158
밤이 지나 꽃구경 가고 싶다	_ 162
청화스님이 연결해 주신 선한 인연	_ 165
순리	_ 168
사랑으로 보듬으며	_ 171
좋은 기운	_ 173

김춘자 수필집

수세미	_ 181
마당	_ 185
추억의 재래시장	_ 189
장독	_ 193
문	_ 198
치자국수	_ 202
연못	_ 205

김춘자의 수필세계
오경자 (수필가, 평론가, 한국수필문학가협회 고문) _ 213

제7부
연못

도장 속에 핀 꽃

제1부

도장 속에 핀 꽃

이제 테두리 없는 도장은 유리 상자에 넣어 거실에 보관하여
아들, 딸들에게 교훈으로 남겨주려 한다.

아들 사위 남는 장사

 나는 1남 4녀를 두었다. 옛날 같으면 딸딸이 엄마라고 시댁 어른들 눈치 살피며 살아야 했겠지만, 지금은 딸이 많을수록 대우를 받으며 사는 좋은 시절이 되었다. 눈에 넣어도 안 아플 딸이 결혼하는 날이다. 인생 첫 출발을 상징하는, 신부가 입장하는 문이 좌우로 열리면서 딸과 남편이 단상을 향해 행진한다. 딸을 보내기 싫었을까? 사위와 거리가 가까워질수록 남편의 걸음길이가 느려진다. 딸과의 추억들이 주마등처럼 스쳐 지난다. 그 내용들을 편지형식으로 써서 하객들을 향해 읽어 내려갔다. 식장 안은 고요가 흐른다. 딸 가진 부모들이 공감을 더 하니 읽어내려 가던 편지 위에 애틋한 눈물이 뚝뚝 떨어진다.
 딸 내외는 직장이 있는 서울에 새 둥지를 마련했다. 한 달에 두 번씩 내려오니 결혼 전보다 얼굴 보는 횟수가 늘었다. 사위가 어찌나 살갑게 대하는지, 아들 하나 더 얻었다는 말이 실감난다. 그 옛날, 결혼해서 층층시하에 16일간 살았던 나의 시댁 살이가 아른거린다.

　손위 형님은 상을 차려 신혼 방으로 넣어주시고, 시어머님은 빨랫감을 내놓으라고 성화를 하셨다. 민망하여 설거지라도 할라치면 사기그릇 이 빠진다고 말리셨다. 내가 하는 모든 행동이 물가에 세워둔 아이처럼 불안했었나 보다. 지금 생각해도 죄송하기 이를 데 없다. 옛 어른 말씀에 아내가 예쁘면 처갓집 말뚝에 절을 한다고 했었다. 딸애가 내조를 잘하고 있어서 자주 내려오는 것이라면 고마운 일이지만, 시댁 식구들을 어려워해서 친정으로 오는 것이라면 말리고 싶다.

　어느덧 딸 넷과 아들이 모두 출가를 했다. 텅 빈 듯한 마음을 무엇으로 채우려나. 산행도 해보고 동전 내기 고스톱도 하고 날마다 마음자리를 점검하는 수련도 하였다. 허전해하는 속내를 사위에게 들키고 말았다. 둘째와 셋째 막내 사위도 맏사위를 닮아가더니 사위가 아닌 아들로 자리를 잡아갔다. 우리 부부에게는 네 명의 사위가 든든한 아들 노릇을 하고 있다. 어머님은 당신이 태어나신 날 남편을 낳으셨다. 얼마나 지중한 인연이면 생신날 출산하셨을까? 어머님 살아생전에는 시댁에서 생일을 맞았었다. 그런데 어머님 소천하시고 십오 년째 남편 생일상을 사위들이 준비한다. 문경 가서 저장고에 있는 송이버섯도 공수해 오고 네 명의 사위가 생일 음식 준비하며 하하하 거실이 들썩거린다. 저승에 가서도 이승 손녀사위들로부터 공경 받으시는 거다. 막내 사위가 아들이 되기까지는 이런 에피소드도 있었다.

　막냇딸 내외가 신혼여행에서 돌아와 집밥을 먹는 날이었다. 식사하고 후식을 마치자 자리에서 일어서는 막내 사위에게 설거지를 시켰다. 그랬더니 '잘못 들었나?' 하는 표정으로 바라본다. 식사하고 난 뒤에 마무리하는 것이니 둘이 협동해서 잘 살아가라는 장모의 바람이라고 말했다. 그 뒤부터는 네 명의 사위가 순번을 정해서 함께 여행을 가거나 맛 집 기행을 한다. 막내로 태어난 아들은 처가에서 아들 노릇을 잘하고 있으니 나로선 많이 남는 장사다. 우리 부부에게는 네 명의 사위가 든든한 아들 노릇을 하고 있다.

도장 속에 핀 꽃

　50년 전, 은행에서 근무하던 어느 봄날이었다. 출근하니 회사 화단에서 목단 꽃이 반긴다. 오늘 부서 이동이 있는 날이다. 예금계로 발령받았다. '아차, 내가 결재해야 할 도장을 준비 못 했구나!' 당황하고 있는데, 상무님이 어디론가 전화를 걸었다. 점심시간이 다 될 무렵 상무님 전화를 받고 도장 인각하는 분이 오셨다. 상아 도장은 10만 원, 목도장은 50원이란다.
　당시 월급이 12만 원이었다. 그런데 어쩌자고 상아 도장으로 마음이 쏠린단 말인가. 주저하지 않고 한 달 봉급 가까운 가격되는 상아 도장으로 새겨 달라고 했다. 지금이나 그때나 대책 없는 성격은 매한가지였던 것 같다. 상무님이 동그랗게 뜬 눈으로 쳐다보시고, 인각하시는 분 또한 놀라셨다. 그날 상아 도장에 이름이 새긴 내 도장을 찍어 보고 또 찍어 보았다. 그렇게 매일 사용하는 상아 도장 위로 실핏줄 같은 인주가 붉게 물들어 오르며 내 자리를 건고히 잡아갔다. 도장과 관계된 우리나라의 아픈 역사가 잠시 떠올랐다. 일제가 지주들의 땅을 수탈하기 위하여 도장을 만들어 나누어 주고 강제로 찍게 했다는 일이 생각나면서 도장의 중요성과 책임성을 마음에 새겼다.

거의 월급과 맞먹는 돈을 주고 새긴 상아 도장을 5년 동안 사용하다 보니 테두리가 먼저 닳아 이름만 섬처럼 동동 찍힌다. 인각하시는 분께 부탁드려 닳은 부분을 잘라내고, 재 인각하였다. 도장 덕분일까, 일복이 터져서일까, 길게 썼던 도장은 여섯 번을 재 인각해서 썼다. 그렇다 보니 도장 높이가 절반으로 줄었다. 도장을 많이 사용했다는 것은 계약이 많이 성사되었다는 의미이다. 경제적으로 여유가 생기니 도장 꽃이 핀만큼 내 얼굴에도 웃음꽃이 피었던 것 같다.

가끔 은행에 가면, 도장을 두 번씩 찍게 된다. 출금 전표를 써서 창구에 내민 "도장 좀 다시 주세요." 한다. 테두리가 닳아 이름만 찍히니 의심스러운가 보다. 직원은 미안했는지 웃으면서 "얼마나 오래 쓰셨기에…." 하고 말끝을 흐린다. "한 50년 사용한 것 같네요." 했더니 이런 도장 처음 본다면서 신기해한다.

나는 도장을 애인처럼 주머니에 넣고 다니며 늘 함께해서인지 지금도 정이 간다. 허둥대다 떨어뜨리면 또르르 굴러 숨는다. 결재할 일이 있을 때 도장을 찾느라 잠시 쉬어가기도 했지만, 붉은

제1부 도장 속에 핀 꽃   19

빛깔 때문에 오래지 않아 찾아내곤 한다. 도장 덕분에 송아지는 어미 소가 되고, 어미 소가 송아지를 낳으면 분양하고, 예금 통장에 숫자가 더해지니, 결혼할 때 부모님 도움 없이 준비할 수 있었다. 161㎝ 키가 158㎝로 줄어들 정도로 앞만 보고 달렸다. 도장은 풀뿌리 같은 나의 근성과 늘 함께했다. 도장이 생물이었다면 쉬어가자며 앙탈을 부렸을 것 같다. 그러나 무생물인 도장은 칭찬도 부정도 하지 않았다. 주인이 책임지는 일을 주인보다 앞장서 일 처리를 했던 도장에게 고맙다고 인주 밥을 닦아주니 수줍은 듯 손바닥 위를 붉게 수놓는다.

"먼지 한 톨까지 찾아내던 엄마였는데 지금은 성글은 가마니 꿰매는 큰 바늘처럼 느슨해진 이유가 궁금해요."

우리 아이들이 묻는다. 그럴 때면 "책임질 일들이 줄어들고, 등에 진 짐이 가벼워져 그런 것 같다." 라고 말한다. 사실 도장을 사용할 때마다 긴장했다. 도장을 찍는다는 것은 그만큼 책임이 따르기 때문이다. 도장을 찍으려 마음먹기까지가 절대 쉽지 않았다. 돌이켜보니 내가 살아온 길도 수도 없이 도장을 찍을 때 긴장했던 것처럼 늘 긴장의 연속이었다. 그래서 실패하지 않았던 것 같다.

지금은 자식들도 다 컸고 책임질 일도 없어 홀가분하니 마음이 느슨해졌다. 요즈음 신세대들은 도장 대신 사인으로 대체한다. 마음만 먹으면 남의 글씨체를 흉내 내는 것은 식은 죽 먹기니 사고로 이어질 수 있는 단점이 있다. 사인도 도장과 같은 효력이 있다. 그 또한 책임에서 자유롭지 않으니, 신중하게 해야 된다.

이제 테두리 없는 도장은 유리 상자에 넣어 거실에 보관하여 아들, 딸들에게 교훈으로 남겨주려 한다. 나의 아들, 딸들은 옆에서 내가 살아온 모습을 보고 자랐으니 더 꼼꼼하게 살펴가며, 생활하리라 믿는다. 일할 때는 긴장하고 해야 실수를 줄일 수 있다. 마음이 느슨할 때, 늘 책임질 일이 따라다닌다. 자식들이 테두리 닳은 엄마의 도장을 보고 늘 마음을 점검하며, 직장 생활에 모범을 보였으면 좋겠다.

길

 산책을 나섰다. 아파트 단지를 빠져나와 느릿한 걸음으로 걷는다. 보도블록 사이로 얼굴을 내민 민들레와 눈을 맞추고 학교 담장을 감싸고도는 덩굴장미도 보며 걷는다. 장구봉 둘레 길을 걸어 정상에 앉았다. 아래로 보이는 2차선 도로에 차들이 줄지어 간다. 버스가 미끄러지듯 지나간다. 아스팔트길을 달리는 버스를 위에서 내려다보니 얼음 판 위를 지나듯 부드럽다. 버스 안에 앉아있는 유년의 내 모습이 겹쳐진다. 유년 시절의 동네 길은 구불구불하여 숨바꼭질하기 딱 좋았다. 가던 길 돌아 담 모퉁이에서 놀래주던 생각이 나 회상에 젖는다.
 당시는 도로정비가 안 됐었다. 신작로마다 흙이 파여 작은 웅덩이들이 생겼는데 그곳에 잔자갈을 채워놓았다. 그렇다 보니 그 위를 버스가 달리면 덜거덕덜거덕 널뛰기하였다. 학창시절 통학

버스 안은 긴장의 연속이었다. 운전기사님이 갑자기 브레이크를 밟기라도 하면 책가방이 날아오기도 하고 남학생 무릎에 털썩 주저앉기도 했다. 서로가 미안한 기색이 역력했다. 그 시절 신작로 흙길은 아스팔트에서는 느껴 볼 수 없는 야릇한 설렘과 정감이 있었다.

흙길에는 나눔과 온기도 있었다. 흙길 신작로는 그만이 할 수 있는 역할을 했다. 비가 오면 비를 품었다가 가뭄이 들면 마치 저축했던 걸 내놓듯 품었던 물을 내주었다. 끊이지 않는 젖줄이 있어서 길옆으로 꽃을 흐드러지게 피워냈다. 그 시절 신작로 옆으로 길게 꽃길이 형성되어 화단을 방불케 했다. 지금은 길마다 콘크리트나 아스팔트로 포장하여 비가 오면 스며들지 못하고 곧장 강과 바다로 간다. 그렇듯 사람들 인심도 아스팔트처럼 삭막하다. 옆을 볼 여유나 쉼을 모르고 빠르게 빠르게만 지향한다.

요즘은 손에 물병을 들고 다니는 이들이 많다. 옛날에는 길을 섦을 때 물병이 없이도 괜찮았다. 선자가 목이 마르면 다래나무를 잘라 목을 축였다. 그리고 갈 때는 다래 덩굴을 묶어두고 갔다. 다른 사람이 쉽게 목을 축이고 갈 수 있도록 배려한 거다. 산속이 아니라도 다래나무쯤은 쉽게 만날 수 있었다. 그런데 열기 오르는 아스팔트는 목을 축일만 한 식물 하나 내놓지 않는다. 그렇다고 물병을 들고 다니는 이에게 한 모금 달라고 할 수도 없다. 길 없는 사막과 진배없다.

장구봉에서 일어나 하늘을 올려다보았다. 먹장구름이 치알을 친다. 금시라도 소나기가 내릴 것 같아서 서둘러 내려왔으나 비를 만나고야 말았다. 천천히 비를 맞으며 걸었다. 열을 품었던 길에서 뿌연 김을 뱉어낸다. 우리가 사는 현시대처럼 혼탁해 보였다. 어릴 적에 걷던 흙길과 대비된다. 그 시절 걷던 흙길은 비가 오면 패여 작은 도랑이 생겼다. 길 위에 생긴 울퉁불퉁한 도랑길을 잘박거리며 걸었다. 불편하기는 했으나 혼탁하지는 않았다.

사람의 몸에 흐르는 혈血에도 길이 있다는 걸 알았다. 출산하고 산후조리를 할 수 있는 여건이 안 되어 산후 풍으로 고생을 했다. 바람만 불어도 머리가 시리고 관절 마디로 바람이 드니 고통스럽기 짝이 없었다. 그래서 사계절 몸을 따뜻하게 하고 모자를 쓰고 다녔다. 그때 멀지 않은 곳에 작은 사찰에서 많은 환자를 치료해 준다는 소문을 듣게 됐고 곧바로 사찰을 찾았다.

사찰에 들어서니 발 디딜 틈 없이 많은 사람이 치료를 받고 있었다. 그런데 환자들 머리 위에 수지침이 꽂혀 반짝거렸다. 환자들 머리가 밤 가시처럼 보였다. 두려운 생각도 들었지만 나도 머리에 침을 맞았다. 거울 속에 비춰보니 많이도 꽂혀 있다. 침 자리에도 길이 있어서 아픈 자리까지 혈이 통할 수 있는 자리에 침을 꽂아 뚫어준다고 스님이 설명했다.

다음날은 늦은 시간에 사찰에 도착했다. 스님이 한가해 보여서 스님과 대화를 했다. 스님이 종교를 믿고 있냐고 물어보셨다. 무교라고 대답했더니, 도가 무엇인 것 같으냐고 재차 물으신다. 스님들이 찾으려는 도와 사람이 걷는 길과 사람의 도리와 같은 맥락인 것 같다고 대답했다. 나는 도는 모르지만 내 마음자리가 앞으로 나아가는 길의 나침판이라고 말했더니 웃으신다.

  그 후 효과를 보자, 보답을 하고 싶었다. 무엇을 할까 생각하는 중 첫날 사찰에 찾아올 때 있었던 일이 생각났다. 큰길에서 1㎞ 떨어진 길이 움푹 파여 웅덩이가 되어있었다. 앞서가던 승용차가 웅덩이를 피하다 논바닥에 떨어져 있었고, 레커차가 들어오고 있었다. 가던 길을 후진하여 큰길가로 나오면서 사람이나 다치지 않았으면 좋겠다고 생각했었다.

  나의 돈으로 길을 닦아 주기로 했다. 25t 덤프와 0t과 롤러를 가지고 현장에 도착해 흙을 쏟아 붓고 굴착기로 다듬고 롤러로 다졌다. 반듯하고 단단한 길이 만들어졌다. 마음이 뿌듯하다. 불편하던 길이 마음 한 번 먹으니 훌륭한 길이 되었다. 내가 닦은 이 길로 많은 사람들이 편하게 다니며 병도 고치고 행복을 찾는 상상을 하니 뿌듯하다.

담금질

　남편이 벼 피사리하러 가자고 했다. 밀짚모자를 쓰고 남편을 따라 논으로 향했다. 길옆 옥수수 밭에 꽃 수술 방이 성장을 멈추고 힘없이 흐느적거린다. 하루 이틀 사이에 비가 내리지 않으면 옥수수 수확은 어림도 없을 것 같다. 옥수수밭을 바라보고 있는 농민들 마음도 옥수수 대처럼 타들어 갈 것 같아 안타깝다. 우리 논을 바라보니 오랜 가뭄으로 논바닥이 바짝 말라 이리저리 실금이 갔다. 농사용 전기 스위치만 올리면 지하수가 펑펑 솟아오르는데 남편은 왜 벼를 목마르게 하는지 모르겠다.
　우리 논 옆으로 농가 두 채가 있다. 남편이 피사리하는 동안 농가에 사시는 분들을 만나 봬야겠다. 대문이 열린 집으로 들어가 불러도 아무런 기척이 없다. 대문 밖으로 나와 헛간에 있는 의자 위에 앉았다. 차 안보다 훨씬 시원했다. 해가림 천장만 있고 훤히

트여있으니 바람이 사방에서 불어왔다. 논에 들를 때마다 헛간에 두 양주분이 더위를 피해 앉아 대화하고 계셨다. 그런데 오늘은 외출하셨는지 계시지 않는다.

잠시 뒤 주차된 우리 차 옆으로 흰색 자가용이 미끄러지듯 들어와 선다. 차 문이 열리고 할머니가 보였다. 할머니의 아들도 운전석에서 내렸다. 아들이 뒷좌석의 차 문을 열어주는데도 할머니는 내릴 생각이 없어 보였다. 나는 할머니 쪽으로 걸어갔다. 할머니는 발에 깁스를 하고 계셨다. 내가 다리 한쪽을 들어드리니 그제야 할머니는 간신히 차 밖으로 한 발을 내디디셨다.

할머니 행동이 몹시 느리고 굼뜨셨다. 발에 깁스를 하셨으니 오죽하시랴. 아들이 차 문을 닫아야 하니 빨리 옆으로 가시라고 성화를 했다. 남의 아들이지만 뺨이라도 한 대 올려붙이고 싶은 걸 참았다. 할머니가 땅바닥으로 쓰러지셨다. 보조 보행 기구를 앞에 두고 일으켜 세워 잠게 해드리고 대문 앞까지 보살펴 드렸다. 아들은 쓰러진 어머니는 쳉기시도 않고 집에 들이기서 코빼기도 보이지 않았다.

논 쪽을 향해 남편을 쳐다보았다. 피사리가 끝났는지 장화는 씻어 논둑에 두고 얼굴을 씻는다. 수건을 가져다주고 논을 바라보니 물을 대고 있다. 갈라진 논바닥에 물이 들어가는 것을 보니 내가 다 시원하다. 진작 지하수를 올려 물을 줄 것이지 논바닥이 갈라지도록 두느냐고 한마디 했다. 그랬더니 일부러 그러는 거란다. 논을 바짝 말리는 이유는 담금질시키는 거란다. 모든 자연은 담금질이 필요하듯 벼도 담금질을 시키는 거란다. 직접 농사를 지어 본 적이 없으니 옆 논이 물을 대면 물을 대고 물을 빼면 자기도 뺀다고 했다. 논에 물을 빼주면 벼 뿌리들이 물을 찾아 깊게 내리박히게 되면서 태풍이 와도 견딜 수 있게 하는 것이라고 했다. 벼가 목마름을 견디고 스스로 깊게 뿌리를 내리며 살길을 찾을 수 있도록 자립심을 키워주는 것이었다.

어르신이 아들 이야기를 하신다. 깁스를 했는데 아들이 살갑게 해주지 않아 마음이 편치 않다고 하셨다. 속상한 표정으로 논을 바라보며 담금질에 대한 이야기를 하셨다. 어르신이 농사지을 때는 벼가 익는 시기를 지켜보며 정확하게 논에 담금질을 해주었는데 자식을 키우는 일은 생각 같지 않았다고 했다. 논에 물을 대고 빼는 것처럼 아들도 때론 야단도 치며 바르게 키웠어야 했는데 그저 귀하게만 키워 버릇이 없다고 했다. 아들을 나무라기 전에 당신이 자식을 잘못 키웠으니 누굴 원망할 수도 없다고 했다.

어르신 아들 이야기를 들으며 우리 애들을 생각했다. 나는 올망졸망한 5남매를 두고 밤낮없이 건설현장을 누비고 다녔다. 아이들이 엄마 손이 필요한 시기에도 부모 노릇을 못 하고 삶의 현장에서 헉헉거렸다. 나는 아이들한테 교육을 목적으로 담금질이니 뭐니 그런 생각은 하지도 못한 채 밥만 해 놓고 나가 일만 했다. 아이들에게 엄마의 자리를 채워주지 못했지만, 다행히 아이들은 반듯하게 잘 자랐다. 늘 가뭄에 목말라 하는 작물들처럼 사랑에 목말라 했을 우리 아이들을 생각하니 가슴이 아프다. 그럼에도 어른들에 대한 예의도 바르고 힘든 일도 스스로 하는 사람들로 자랐으니 얼마나 고마운가. 남편과 나의 바쁜 일상을 보고 자란 아이들은 남매끼리 스스로 담금질을 하며 어려운 상황을 대처하는 슬기로움을 배운 것 같다.

논을 뒤로하고 다락리 농막으로 행했다. 시든 호박넝쿨 사이로 애호박이 달려있다. 얼른 애호박을 땄다. 애호박으로 가는 양분을 넝쿨에 나눠주기 위해서다. 대문을 열고 들어가자 해태상 위 배롱나무에 분홍색 꽃이 피었다. 행운이 오려나 하는 생각으로 기뻤다.

마당에 차를 주차하고 텃밭에 갔다. 우리 집도 가뭄을 비껴가지 못해 옥수수가 꽈배기처럼 배배 꼬여 몸통까지 돌아간다. 터질 듯이 잘 익은 토마토와 통통한 가지를 따서 가방에 넣고 오이는 오톨도톨한 것을 씻어내고 먹었다. 쓴맛이 강하다. 오이도 가뭄에 담금질을 했나보다. 스스로 몸을 지키기 위해 지라는 것을 둔화시킨 것 같아 안쓰러웠다. 대문을 나서다가 되돌아가 오이에 물을 흠뻑 주었다. 금방 푸른빛이 감돌았다.

아들이 뉴욕으로 유학을 떠나고 한동안 나는 가뭄으로 타들어 가는 농작물처럼 몸무게가 줄어들고 불면증에 시달렸다. 아들이 돌아와 석사학위를 받던 날, 나를 담금질 한 것은 내 아이들이었다며 환하게 웃었다.

퉁소 소리

 칠흑같이 어두운 밤, 구슬픈 퉁소 소리가 문지방을 넘는다. 아버지 방에서 새어 나오는 퉁소 소리가 담장을 넘을 때면 사르륵사르륵 치마 끝 끌리는 소리가 들렸다. 한참 뒤, 퉁소 소리도 멈추고 달빛이 하얗게 사윌 때쯤이면 아랫집 여자가 우리 집 대청마루에서 내려왔다.
 살구나무는 알고 있었을까? 아랫집과 우리 집 담장 가운데 몇 아름 되는 살구나무가 터줏대감처럼 두 집을 지키고 있었다. 살구꽃이 등을 밝히는 봄이면 온 동네가 다 환했다.

 아버지와 어머니는 유학 시절 메이지 대학에서 선, 후배 사이로 만났다고 했다. 대학 시절 알뿌리 먹기 대회가 있었는데 아버지는 고구마를 많이 먹어 승자가 되긴 했어도 심한 위장병을 앓

왔다. 그때 얻은 위장병이 아버지 인생을 송두리째 바꿔놓을 줄 누가 상상이나 했겠는가. 아버지는 위장병으로 학업을 포기하고 어머니의 부축을 받으며 귀국하였다고 하셨다.

할아버지는 아들 건강이 심상치 않음을 직감하고 후손이라도 보겠다는 일념으로 아버지의 혼인을 서두르셨다. 외할아버지의 반대와 학업을 계속하겠다는 어머니를 설득하여 살구꽃이 꽃등을 밝히는 4월에 혼례를 치렀다. 결혼하고 나서 가족들의 극진한 보살핌으로 아버지의 병세가 차도를 보였다. 어머니는 당시 아픈 남편과 식솔들 뒷바라지 하느라 힘이 드셨다고 했다.

아버지의 건강이 회복되자 할아버지와 할머니는 학업을 중도에 포기한 것이 어머니 탓이라며 모진 시집살이를 시키셨다. 그 무렵 아버지는 외출이 잦아지면서 옷자락에서 찬 바람이 일기 시작했다. 주어진 현실을 원망할 곳 없던 어머니 눈은 항상 촉촉하게 젖어있었다. 마음을 다잡기라도 하려는 듯 어머니는 우리 형제들에게 일어를 가르쳐 주었다. 덕분에 지금도 일어로 숫자는 셀 수 있다.

살구나무가 등지고 있는 아랫집에는 남매를 둔 젊은 부부가 살고 있었다. 구순구개열이 심한 남자와 어울리지 않게 여자는 예쁜 미모와 뒤태가 아름다웠다. 가끔 우리 집 일을 돕기도 하던 남자는 늘 기침을 달고 살았는데 어느 해 폐결핵으로 세상을 떠났다. 남자가 죽은 뒤, 아랫집 여자는 한동안 풀이 죽어지내더니, 어느 날부터 얼굴이 살구꽃처럼 환해지는 것 같았다.

그맘때부터였던 것 같다. 여자는 아버지 퉁소 음률 따라 살구나무를 안고 담을 넘기 시작했다. 처음이 어렵지 여자의 과감한 담장 넘기는 계속되었다. 6, 7월이 되면 살구마다 황금색 종을 달아 놓은 듯 살구가 주렁주렁 익어갔다. 바람이 세차게 부는 밤이면 살구 떨어지는 소리 사이로 퉁소 소리가 들려오고 사르륵 치맛자락 끌리는 소리가 괴기하게 들렸다. 효성 지극한 오빠는 아침 일찍 일어나 살구나무 아래까지 비질로 흔적을 지웠다. 생각해 보니 그때 우리는 철이 없었고 눈치 빠른 오빠는 이미 어머니 생각하는 마음이 컸던 것 같다.

천둥과 번개가 치며 소낙비가 내리던 날, 드디어 올 것이 오고야 말았다. 담장을 넘던 아랫집 여자가 낙상하여 코뼈가 주저앉았다. 그때부터 우리는 그 여자를 납작코 아줌마라 불렀다. 그즈음 내 어머니는 얼굴에 수심이 가득하고 말수도 줄어들었다.

애절하고 구슬픈 퉁소 소리처럼 이루어질 수 없는 두 사람의 만남도 계속됐다. 얼마나 아버지가 좋았으면 아랫집 여자는 주저앉은 코가 아무렇지 않은 듯 담을 넘었다. 어머니는 아랫집 여자 기척만 들려도 고개를 외로 돌리고 총총걸음으로 안방으로 들어가셨다.

하지만 세월 이기는 장사 없다고 아버지는 위장병이 위암이 되어 항암 치료를 받다가 소천하셨다. 아버지가 돌아가시고 나서 어머니는 아랫집 여자가 안고 넘나들던 살구나무의 반지르르 한 부분을 만져보시며 눈물을 흘리셨다. 며칠 후 어머니는 작정한 듯 대 목수를 불러 살구나무를 베어냈다. 어머니는 베어낸 살구나무 자리에 고춧가루와 소금 한 자루를 쏟아부으시고 비닐로 꼭꼭 싸매 곁순 하나 나오지 못하게 했다.

얼마나 한이 되었으면 그렇게 하셨을까. 평소에 내색은 하지 않았지만, 아랫집에 사는 여자가 안고 넘나들었던 살구나무조차 어머니에게는 상처가 된 것이었다. 왜 아니겠는가. 시앗을 보면 돌부처도 돌아앉는다는데 그 긴 세월 어머니는 어떻게 견디셨을까. 어머니를 생각하면 지금도 목에 가시가 걸린 것 같다. 같은 여자이면서 어머니 심정을 일찍 헤아리지 못한 것이 죄스럽다.

부부의 마음은 두 사람만이 안다고 어머니는 아버지를 못 잊으셨는지, 아버지 소천하시고 두 달 후 어머니도 서둘러 아버지 곁으로 가셨다.

수십 년이 지난 지금도 살구꽃 피는 봄이 오면 가슴이 울렁거리고 아버지의 애간장을 녹이는 듯한 퉁소 소리가 더 구슬프게 귀에 쟁쟁거린다.

어머니는 아버지를 만나셨을까. 만약에 두 분이 만나셨다면 아버지가 어머니를 위해 퉁소 소리를 들려주셨으면 좋겠다.

  달님이 등불이 되고 별빛이 내려앉는 밤이면 하늘을 올려다본다. 혹시, 아버지의 퉁소 소리가 들리지 않을까 싶어서다. 밤마다 생가슴을 앓던 어머니가 그곳에서는 행복하셨으면 좋겠다.

엄마의 바다 옻 된장

다시 봄이 돌아왔다. 올해는 날씨가 좋아서인지 주변에서는 벌써 장 담는 이야기가 심심찮게 들려온다. 바야흐로 된장의 계절이 온 것이다. 우리 집도 된장을 담아야겠다는 생각을 하니 친정어머니 생각이 난다. 친정어머니는 해마다 옻 된장을 담그셨다. 일반된장을 담는 것보다 훨씬 번거롭고 수고로운데 친정어머니는 한 번도 귀찮은 내색을 않으셨다.

친정어머니는 상달이 되면 콩을 깨끗이 씻어 하룻밤 불려 놓았다가 가마솥에 붉은색이 나도록 삶아 뜸을 들였다. 고소한 메주콩을 주워 먹는 재미가 쏠쏠하여 나는 아궁이 주변에 붙어 앉아 있었다. 그렇게 잘 삶아진 콩을 절구질하여 나무틀에 넣고 단단하게 다지고 네모반듯하게 매만지셨다. 나도 친정어머니 옆에 앉아 주먹처럼 앙증맞은 메주를 만들곤 했다. 부서지지 않도록 단단하게 만든 메주를 햇볕에 살짝 말린 다음 새끼줄을 꼬아 열십자로 묶어 살강에 매달았다. 100일 동안 발효 시킨 후 메주를 살강에서 내려 깨끗하게 씻어 물기를 말린다. 한편 짚불로 소독해 둔 항아리에 불순물을 제거한 소금물을 붓는다. 이때 친정어머니는 소금물의 농도를 잘 맞추려고 달걀 한 개를 띄웠다. 소금물에 달걀이 500원 짜리동전 크기만큼 뜨면 간이 잘 맞는다고 하셨다. 그리고 건 고추와 참숯, 대추를 넣어 마무리하셨다. 100일 정도 지나면 장을 가르셨다. 간장과 메주를 분리하여 단지에 담을 때, 옻나무를 잘라다 된장 사이사이에 박아 넣고 꼭꼭 눌러 놓으셨다.

  친정어머니는 어떻게 그런 것을 아셨을까. 어릴 때 친정어머니의 장 담그는 모습을 어깨 너머로 익혔던 것이 이제껏 내가 맛있는 된장을 담을 수 있는 원동력이 된 것 같다. 친정어머니가 하시던 것처럼 나도 매년 옻 된장을 담근다. 장이 맛있으려면 메주가 맛있어야 한다. 그래서 가장 실한 콩으로 메주를 빚어 장을 담근다. 먼저 소독한 항아리에 잘 마른 메주를 씻어서 넣는다. 그리고 건 고추와 참숯, 대추를 넣어 100일 정도 둔다.

  100일 후 건져낸 메주 덩어리는 으깨서 항아리에 담는데 은행잎 같이 누런 황금색을 띤다. 마지막 과정으로 된장 사이사이에 옻나무 토막을 군데군데 박아 넣고 일 년 동안 발효시키면 봄 된장은 어느새 검은 보석이 되어 있다. 다른 집 간장에 비교하면 우리 집 간장은 검은색이 짙고 단맛이 난다. 햇볕과 바람이 들락거리며 숙성시킨 된장은 떫은맛이 없고 깔끔한 맛이 난다. 간장 맛도 기가 막히다. 설탕이 들어간 것처럼 감칠맛이 나며 양조간장처럼 달달하다. 일반적으로 간장 항아리를 들여다보면 얼굴이 비칠 정도로 맑은데 우리 집 간장독에는 얼굴이 비치지 않는다. 조청처럼 걸쭉하고 검은 색이 나기 때문이다.

옻나무의 효능은 살균작용, 혈액순환, 간 건강, 혈관 질환 예방에 도움을 주며 냉기를 몰아내고 어혈을 풀어 준다고 한다. 그러고 보면 콩과 옻나무는 궁합이 맞는 것 같다. 옻독성은 된장이 중화시키고 약성분만 남는다고 하니까 말이다. 그런 귀한 옻나무를 넣어 만든 된장이니 무엇을 한들 맛있지 않을 수가 있을까. 옻 간장으로 미나리를 무치면 검은색 무침이 된다. 된장찌개는 또 어떠한가. 별 조미료 없이 된장에 애호박을 듬성듬성 썰어 넣고 청양고추로 칼칼하게 끓이면 별 반찬 없이도 밥 한 공기 뚝딱한다. 결혼한 딸들도 외할머니 장맛이라며 좋아한다.

내일은 문의향교로 문학기행을 가는 날이다. 양푼 가득 된장을 담고 마늘과 청양고추 등 양념을 넣고 참기름으로 버무려 쌈장을 만들었다. 1kg씩 10병을 담아서 회원들에게 한 병씩 선물했다. 어떤 사람은 된장 색깔이 왜 검은색이 나느냐고 묻기에 묵은 된장이라고 했다. 옻나무 곁에만 가도 옻이 오른다는 도반이 있어서 옻 된장이라고 말하지 못했다. 며칠 후 옻나무만 봐도 옻이 오른다는 도반한테 전화가 왔다. 가슴이 쿵 내려앉았다. 그런데 걱정했던 것과는 달리 된장이 특별한 맛이 난다면서 조금 더 나눠 달라고 했다. 안심하며 옻 된장 이라고 하니 수화기 너머로 비명에 가까운 소리가 들려온다. 웃음이 절로 났다.

  작년 코로나 감염이 심각하던 겨우내 옻 된장 풀어 시금칫국, 배춧국, 뭇국으로 건강을 지켰다. 사계절 내내 우리 집 식탁엔 친정어머니한테 전수받은 옻 된장이 빠지지 않는다. 우리 집 건강 지킴이 1호는 옻 된장이다. 덕분에 코로나도 피해 간 것 같다. 내가 친정어머니의 뒤를 이어 해마다 옻 된장을 담가 집안의 건강을 지키지만 앞으로 우리 자식들을 생각하면 걱정이 앞선다. 요즘 젊은이들은 된장도 사먹는데 딸들한테 옻 된장을 담으라고 하면 어떤 표정을 지을까. 어쩌면 된장을 담가 먹는 일도 우리 세대에서만 볼 수 있는 진풍경이 아닐까 하는 생각이 든다.

  그렇다 한들 어쩌랴 내가 살아 있는 동안은 열심히 옻 된장을 담아 자식들한테 남겨 주어야겠다. 내가 떠나고 난 뒤에도 옻 된장을 먹으며 건강을 지킬 수 있다면 더 바랄 것이 없을 것 같다.

꽃 진 자리

굴빛 노을빛이 짙게 내려앉는다. 노랗게 타오르며 바다와 하늘을 물들이는 노을을 보면 유년 시절부터 꽃이 진 노년까지의 인생이 깔려있는 것만 같다.

초등학교 친구들은 6학년 때 초경을 시작하거나 중학교 때 경험한 동무들이 대부분이었다. 약골인 나는 고등학교 1학년 때 초경을 했으니 늦은 편이었다. 나는 사람 구실을 못 할 것처럼 야하게 태어나서 걱정스러운 마음에 호적도 늦게 신고해 나이가 서너 살이나 줄었다. 그래서일까. 또래 친구들에 비해 초경도 늦게 시작한 것 같다.

일찍 꽃을 피운 동무들은 교복 바지에 꽃잎을 달고 다녔다. 초경이 늦어져 걱정되긴 했지만 나는 꽃잎을 바지에 달고 다니는 부끄러운 일은 없었다. 내 아래로는 터울이 적은 동생들이 있어 꽃잎으로 수 놓을 패드를 별도로 준비하지 않아도 되었다. 빨랫줄에는 늘 뽀얗게 삶아 널려있는 소창이 바람에 춤을 추었고 햇볕이 꽃물 자국까지 말렸다.

 나는 대학에 합격하고도 입학을 포기해야만 했던 가슴 아픈 기억이 있다. 우리 집은 1남 7녀였는데 나는 셋째딸이었다. 60년대에는 남아선호 사상이 심할 때여서 먹는 것도 입는 것도 오빠가 먼저였다. 오빠가 중앙대학교를 졸업했으니 여자로 태어난 우리 자매들은 오빠보다 상위권 대학에 합격하면 진학을 포기하게 했다. 엄하기만 했던 할아버지의 특명이었다. 이유인즉, 딸들한테 기가 눌리면 오빠 앞길이 막힌다고 했다. 내가 지금처럼만 세상 물정을 알았다면, 지방 국립대에 지원하여 졸업하고 조금 더 나은 삶을 살지 않았을까 후회가 된다.

 고교 졸업 후 우체국 공무원으로 사회생활을 시작했는데 몇 년 뒤 농협으로 이직했다. 입사하고 출납실에서 입출금 업무로 바쁜 시간을 보내다 보니 대학 진학을 못 해 가슴앓이했던 한이 슬슬 녹아내렸다. 첫 달 월급이 만 이천 원이었는데 지금 화폐로 따진다고 해도 적은 월급은 아니었다. 당시만 해도 송아지 3마리는 살 수 있는 돈이었다. 나는 월급을 받으면 송아지를 사서 동네 어른들께 기르도록 했다. 송아지는 어미 소가 되어 새끼를 낳는 것이 신기하고 재미있었다. 소가 늘어나면 내 돈이 모였기 때문이었다.

결혼 후 남편은 내게 사직을 권했다. 남편 말만 믿고 덜컥 사표를 내고 보니, 남편이 받아온 월급은 턱없이 적었다. 내가 받았던 월급보다 사천 원이나 적게 받아왔다.

그 돈으로 아이들을 키울 생각을 하니 막막했다. 남편 월급으로 어떻게 우리 아이들을 키울 수가 있을까 싶어 걱정이 앞섰다. 나는 결혼하면서 딸이든 아들이든 능력 있는 아이한테 지원해 주려고 마음먹었다. 내 앞길을 막은 할아버지가 원망스러웠기에 더 그런 생각이 강했는지도 모른다. 남편 얼굴만 바라보고 살려니 마음이 놓이지 않아 둘째 딸아이를 잉태하고부터 건설업을 시작했다.

친정어머니는 형편이 어려워 남자들이 하는 험한 일을 하나 걱정하시며 천오백만 원을 내게 주셨다. 딸이라서 대학교를 보내지 못한 마음을 넣은 것이니 사양 말고 받으라며 돈이 담긴 가방을 내려놓으셨다. 억울하게 진학을 포기한 딸의 마음을 풀어주려고 하는 어머니의 깊은 생각에 코끝이 시큰했다. 어머니가 주신 돈이 아니더라도 소를 팔아 넣어둔 돈이 꽤 있었지만, 어머니의 마음을 생각해 돈을 받았다.

사업장은 해가 다르게 성장해 갔다. 나는 30대부터 60대까지 사업의 꽃도 절정을 이루었다. 하는 일마다 잘돼 다섯 아이가 원하는 것은 무엇이든 해 줄 수 있을 만큼 돈도 벌었다. 그사이 늦게 시작한 초경은 붉은 꽃을 피우다가 50세 후반이 되니 시들 해졌다. 가끔 달리기하더니 더는 꽃이 피지 않았다.

 생각해보면 40년 동안 곱게도 꽃을 피운 것 같다. 한 달에 한 번씩 꽃물을 처리하는 것이 때로는 귀찮기도 해서 꽃이 졌으면 할 때도 있었는데 막상 폐경이 되니 서운한 생각이 드는 것은 무슨 연유인지…. 내 몸에서 피어나는 꽃은 졌지만 내가 피운 다섯 송이의 꽃이 한창 벙글어지고 있다. 지금 오 남매는 튼튼한 열매를 주렁주렁 달았다. 다들 다복다복 고운 꽃을 피우니 졸망졸망한 손주들이 태어나 꽃 진 자리를 화사하게 밝혀주고 있다.

 여자로서 꽃을 피우지 못한지도 어언 15년 열심히 산 나에게 보상하는 의미로 10년은 여행으로 행복한 시간을 보냈고 5년은 나를 되돌아보는 시간을 가졌다. 살면서 웃고 울었던 순간들을 끄집어내 수필집 3권과 시집 3권을 발간했다. 앞으로 수필집과 시집 한 권을 더 발간할 예정이다. 나는 사는 동안 정말 치열하게 열정적으로 살았기에 오래 사는 것에 대한 미련도 없다. 아프지 않고 아이들한테 짐이 되지 않고 오 남매와 만찬을 즐기다가 내 꽃 진 자리로 돌아가기 위해 기도한다. 다른 별로 여행을 떠나는 날 지구의 삶이 화려했던 꽃보다는 꽃 진 자리가 더욱 아름다웠다고 소회하기를 소망한다.

제2부

내 삶에 달뜬 날

인생은 살아가는 것이지 견디는 것이 아닙니다.
살아있는 동안 자기답게 신나게 살아보는 것,
무엇이 닥쳐오든 반갑게 맞이하며 한바탕 놀아보는 것,
이것이 인생입니다.

내 삶에 달뜬 날

사자가 용이 되어 죽으면 이제 아이가 됩니다. 아이는 어떤 관념에도 사로잡혀 있지 않습니다. 좋으면 좋다고 하고, 싫으면 거부합니다. 아이는 자신이 살고 싶은 대로 사는 자유로운 존재입니다. 의무도 없고, 도덕도 없고 오로지 유희와 놀이뿐입니다. 아이는 자신의 의지대로 살아갑니다.

자기 마음내로 하라는 말은 아닙니다. 하고 싶은 것이 있으면, 도전할 수 있어야 한다는 말입니다. 주변 사람의 눈치를 보느라 해보지 못했던 것에 도전할 수 있는 용기가 사자의 정신입니다. 그럴 수 있을 때 아이처럼 밝고 건강하고 행복한 삶을 영위할 수 있습니다.

〈버킷 리스트〉라는 영화에 이런 말이 나옵니다.

"인생이 얼마 남지 않았을 때, 사람은 가장 자유로워진다."

눈치를 보거나, 머뭇거릴 이유가 없습니다. 그동안 미루어 놓은 진짜 인생을 시작하는 것입니다. 인생은 살아가는 것이지 견디는 것이 아닙니다. 살아있는 동안 자기답게 신나게 살아보는 것, 무엇이 닥쳐오든 반갑게 맞이하며 한바탕 놀아보는 것, 이것이 인생입니다. 니체는 그런 인생의 의도를 이렇게 부릅니다.

"아모르파티"

위 전문은 《미치게 친절한 철학》 안상현 작가가 쓴 〈자유로운 존재, 아이가 되다〉 전문입니다.

위의 글에서 용기를 얻어 늦깎이 글쓰는 작가가 되었습니다. 모 문학 단체 공모전에 노랫말을 공모했는데 제 작품이 선정되었습니다. 작곡가 선생님이 곡을 붙이고, 성악가 교수님이 공연장에서 불러 주셨지요.
2021년 세종문화회관, 그리고 중랑문화원에서 제가 쓴 노랫말로 지은 공연을 했습니다. 2022년 6월에는 경기아트센터에서 엔딩곡으로 공연을 했습니다.
"어화 둥둥 내 사랑아~."
성악가 교수님의 연주가 그날 최고의 연주였습니다. 경기 아트센터에서 집으로 돌아오는 차 안에서 최현석 작곡가 교수님께서 보내신 문자를 읽었습니다.

"작사가 알곡이라면, 피아노나 오케스트라는 옷과 같아요. 알곡이 새어 나오지 않도록 잘 감싸 안으니 더욱 광채가 났던 것 같습니다."

바리톤 오동국 교수님의 성악 연주 소리는 동굴 속에서 울려 퍼지는 것처럼 경기아트센터를 가득 채웠습니다. 계속되는 박수 소리가 몸속 동굴로 들어와 세포 하나하나 기쁨으로 충만했습니다.

제 작시가 희망을 선물했다는 평을 받았습니다. 분에 넘치는 칭송이었습니다. 청중이 가득 찬 경기아트센터 사회를 맡은 아나운서께서 작시자 김춘자, 작곡자 최현석 소개가 있었습니다. 떠나갈 듯한 박수 소리에 사방을 향해 90도로 인사를 했습니다. 모든 시선이 저를 향하는 것을 보고, 내가 태어난 충청북도에 모래알처럼 작은 홍보를 한 것 같아 기뻤습니다.

차창 밖에 여름 장마가 시작됐습니다. 자작자작 내리던 비가 굵은 소나비로 번쩍 쏟아지며 오케스트라 연주를 합니다. 천둥 번개가 앙코르 오케스트라 연주를 합니다. 비가 온들 바람이 불든 무슨 상관이리요. 내 마음에는 환히 달이 뜬 걸요. 삶은 아모르파티입니다.

"삶은 아모르파티야!"

운전하는 남편 손을 슬쩍 잡으며 외쳐봅니다.

섬을 품은 바다

　울릉도행 씨플라워호에 승선하였다. 유리창 너머로 보이는 수평선은 한 폭의 그림이다. 배가 움직이자 고요하던 바다에 높은 파도가 일기 시작했다. 들어오는 자와 막는 자, 배 선미와 파도의 한판 힘겨루기가 시작됐다. 그러다 파도가 물보라를 일으키며 유리창을 마구 두드린다. 마치 도움을 요청하는 것처럼 말이다.

　배가 울렁거리자 나도 덩달아 울렁거린다. 승선하기 전에 멀미약을 먹어둔 게 다행이었다. 속을 비워내려고 화장실을 가기 위해 기다란 줄이 만들어졌다. 배가 흔들리자 사람들은 여기저기 넘어지며 아수라장이 되었다. 여기저기서 위생 봉투에 입을 대고 객객거린다. 냄새로 멀미가 더 심해진다.

　울릉도가 가까이 다가오자 '이제 살았구나.'하고 안심이 되었다. 기쁨도 잠시 오늘 일정상 바로 독도로 들어간다는 방송이 나왔다. 1년 365일 가운데 독도 땅을 밟을 수 있는 날은 고작 40~45일이란다. 풍랑이 심하면 선착장에 접안하지 못하고 해상에서 마주하는 경우도 있다고 한다.

우리가 탄 배가 독도 가까이 가자 파도가 숨 고르기를 하더니 순한 양처럼 잔잔해졌다. 다행히도 접안을 할 수 있어 우리는 독도 땅을 밟았다. 독도 경비대에 줄 선물을 구입하여 전달하며 가슴이 뭉클하였다. 힘들게 밟은 독도 땅이다. 몸은 힘들었지만, 그만큼 감동이 크게 느껴졌다.

자연경관을 담아 카페에 올렸다. 천혜의 자연환경을 보여주며 함께 공유하고 싶어서다. 40여 분 짧은 시간을 보내고 뱃머리를 돌려 울릉도로 돌아갔다. 파도가 후미를 밀어주니 멀미 없이 다시 울릉도에 도착할 수 있었다. 호텔에 짐을 풀고 어둠이 걷히기 시작할 즈음 일출을 보기 위해 일출 일몰 전망대에 올랐다. 모두가 피곤한지 잠들어 있다.

크게 심호흡하며 차가운 바람과 맑은 공기를 폐부 속 깊숙이 들이마셨다. 핏빛으로 물들어가는 바다 위쪽으로 해가 떠오르자 우린 환호했다. 빛나고 성대하고 아름다운 광경을 보며 우린 포옹했다.

떠오르는 태양 아래 우리는 한마음이었다. 말은 안 했지만 무슨 말을 서로에게 하는지 알고 있었다. 세상에서 가장 좋은 사람,

가장 미더운 사람이다. 고마우면서도 고맙다고 말하지 않고, 즐거우면서도 즐겁다고 말하지 않아도 되는 사이다. 믿고 의지하며 인내하며 살아온 나날들, 우린 정말 뜨거운 태양처럼 살아왔다. 부부로 살아온 삶의 희열로 가슴이 벅찼다.

울릉도 주민들의 식수원인 봉래 폭포로 갔다. 이 폭포는 저동항에서 2㎞ 상부에 있는 3단 폭포다. 1일 물량이 3,000t이라고 하니 어마어마하다. 폭포로 가는 길에는 풍혈이 나오는 곳이 있고 삼나무 숲을 이용한 산림 욕장과 나무 데크 길과 쉼터가 있어 여행객들의 휴식 공간으로 손색이 없다. 부지런한 새가 모이를 많이 먹는다는 속담처럼 일찍 일어난 보람이 있어 일정에 없는 곳까지 둘러볼 수 있어 좋았다. 돌아오는 길에는 기암괴석과 각양각색의 형상들을 감상할 수 있었다. 그중에 촛대바위에 서린 전설이 흥미로웠다. 조업 나간 아버지를 기다리다 돌이 되었다니, 섬 특성상 고기잡이가 생업이었으니 그럴 수도 있었겠다는 생각이 들었다.

점심 식사를 하려고 한 식당으로 들어갔다. 식당 유리창 너머로 보이는 바다는 순한 양처럼 잔잔하였다. 가끔 흑비둘기만 끼룩끼룩 낮은 날갯짓한다. 흑비둘기들은 사람이 가까이 다가가도 날아가지 않는다. 차 위에도 도로 위에도 갈매기 배설물투성이다. 육지 사람들이 갈매기들의 먹이 사냥 본능을 도태시켜 놓았다고 식당 주인이 불평했다. 사람들이 새우깡을 줘서 갈매기들이 물고기를 잡는 수고를 하지 않는다고 했다. 그리고 기름에 튀긴 새우깡을 먹고 묽은 변을 본다고 했다. 여행객들이 생태계를 파괴하는 행위를 한다고 하니 생각해볼 문제이지 싶다.

뭍으로 나가는 표를 끊고 시간이 되기를 기다렸다. 그런데 파고가 높아 출발 시각이 지연된다는 방송을 30분 간격으로 하는 것이 심상찮다. 열 번도 넘게 똑같은 방송을 하더니 결국 오늘은 배가 뜰 수 없다고 했다. 우리는 묵었던 호텔로 다시 돌아갔다.

바다는 섬을 품고 섬 안에 있는 우리도 품었다. 울릉도에서 더 머무르게 된 것을 좋게 해석했다. 들어올 적에는 우리를 밀어내더니 독도 땅을 밟을 수 있게 허락하였다. 3대가 복을 지어야 독도 땅을 밟을 수 있다고 하더니 복을 받고 태어난 우리를 뭍으로 보내기 싫어 하룻밤 더 묵고 가라고 풍랑이 일었나 보다.

바다는 창망蒼茫하기 그지없다. 그 깊이를 측량할 수 없는 바다는 때때로 예고 없이 무서운 풍랑을 일으키기도 한다. 큰 꿈을 가진 자, 넓은 것을 보고자 하는 자는 바다를 보라고 하였다. 새벽 3시가 되어서야 우리는 배에 탈 수 있었다. 바다는 고요하고 우리 또한 조용했다. 들어올 때는 밀어내던 바다가 오늘은 조용히 뒤에서 밀어주니 멀미도 없이 뭍으로 돌아올 수 있었다.

내 마음에 달 풍년들고

　뉴질랜드는 우리나라와 시차가 고작 3시간이니 적응하기 힘들지는 않다. 아침은 가볍게 먹는 편이라 근처 퍼그 베이커에 들러 커피와 빵을 주문해서 먹었다. 오늘은 '마운트 어스파이어링' 국립공원에 가는 날이다. 뉴질랜드 다트 강을 따라 달린다. 빙하가 녹아 흘러 세워진 산봉우리들이 신비스럽다. 드디어 도착했다. 소나무 숲이 우거진 '마운트 어스파이어링' 국립공원의 하늘을 올려다보았다. 해와 달이 함께 떠 있었다.
　낮달이 보이는 이유는 하늘의 광도보다 달의 광도가 더 크기 때문이란다. 태양 가까운 하늘의 광도는 달의 광도보다 높아서 태양 빛을 차단하지 않으면 달은 보이지 않는다고 했다. 낮달은 신기하게도 하얀빛을 띠었다. 이유는 푸른색으로 빛나는 색유리와 같은 공기층을 뚫고 달빛이 우리 눈에 들어오기 때문이라고 했다. 달이 공전하면서 생기는 현상이 바로 달의 모양이 달라지는 것이고, 초승달에서 반달로, 반달에서 보름달로, 다시 초승달이 되는 것이 공전 때문이라고 설명해 매우 흥미로웠다.

또 달은 밤에는 노란색으로 보이고 밝은 낮에는 태양과 달의 거리가 가까워 잘 보이지 않거나 흰색으로 보인다고 했다. 어스파이어링 국립공원에서 태양과 함께 떠 있는 낮달 때문에 달에 관한 공부는 했지만, 달에 대한 신비했던 어린 시절이 공기 중에 흩어지는 것처럼 아쉬웠다.

어릴 때 우리는 달 속에 토끼가 방아를 찧는다고 어른들께 들었다. 정월 대보름날이 되면 더 가까이 달을 보며 소원을 기도하기 위해 동산으로 올라갔던 적도 있다. 야근하고 퇴근하는 길에 달은 등불이 되어 집으로 안내했고 창문으로 드나드는 달빛에 가슴 설렜던 청춘이 있었다.

가이드의 해설을 듣자니 어린 시절 할머니와 어머니의 달이 생각났다. 할머니께서는 일본으로 유학 가신 아비지를 위해 늘 기도하셨다. 장독대 위에 놓여있던 항아리 위에 정화수를 올려놓고 비셨다. 사기로 만든 사발 속에 달이 떴고, 할머니는 달을 보며 위안을 얻었다고 하셨다. 할머니와 어머니께서는 항아리가 마르지 않게 물을 채워 놓으셨다. 그 항아리에 지나가는 구름을 담기도 하시고 바람에 업혀 온 단풍잎 배를 띄우기도 하셨다.

할머니는 장독대 위에 가지런히 놓여있는 항아리에 자주 물을 뿌렸다. 흩어지는 물 분자 사이로 무지개가 뜬다. 항아리마다 행주로 문지르며 송홧가루를 닦아내니 검붉은 항아리 본연의 색이 난다. 어머니는 할머니 대를 이어 항아리를 정갈하게 관리하셨다. 3대째 어머니의 항아리를 물려받은 나는 농막에 들를 때마다 행주로 훔쳐내고 온다.

　할머니께서 지금까지 살아계시고 함께 여행하면서 낮달을 보셨다면 어떤 표정을 지으셨을까. 할머니는 정화수 사발에 보름달이 뜨면 할머니 소원이 성취되실 거라 믿으셨다. 기도는 마음으로 하는 것이니 몸속 기를 모아 발원할 때 정성이 하늘에 닿아 이루어지는 게 아닐까. 장독대 위에 있는 수십 개 항아리를 목욕시키니 소래기 위에 물이 동그랗게 고였다. 밤이면 우리 집 항아리 위에 수십 개가 넘는 보름달이 뜨곤 했다. 그렇게 내 마음속에 달을 품으니 달 풍년이 들곤 한다.

더 바랄 나위 없지

　45년 전 함박눈이 내리는 날 첫딸이 태어났다. 하늘의 별이 된 아들 다음으로 내 테에 들어온 아이였다. 첫 아이를 잃은 트라우마로 병원에 가면서도 순산할 수 있을까 걱정했으나 딸아이를 무사히 분만했다. 산모인 나는 입원실로 옮겨졌다. 아기 씻기는 것을 보고 오겠다던 형님이 자정이 가까워질 때까지 오지 않았다. 산부인과에 대한 안 좋은 기억이 있었기에 '무슨 일이 또 일어나고 있는 것은 아니겠지….' 하고 스스로 다독이며 기다리고 있었다.

　드디어 입원실 문이 열렸다. 형님이 들어오면서 아기가 이상하다고 하는 소리에 가슴이 쿵 내려앉았다. 파랗게 질린 내 모습을 보며 형님은 웃으며 말했다. 배냇저고리를 입히는데 아기가 "엄마!" 하고 옹알이를 해서 형님도 간호사도 모두 놀랐다고 했다.

병원에 가는 내내 불안해하던 나를 안심시키기 위한 형님의 따뜻한 마음에 나도 웃었다. 아기는 건강한데 병원이 얼마나 열악한지 작은 곤로에 물을 데워 씻기느라 늦었다고 형님이 덧붙여 말해서 안심이 되었다.

태어날 때도 가슴 조이게 하더니 퇴원 후에도 밤낮으로 울어대는 딸아이 때문에 내덕동에 있는 전소아과를 내 집 드나들 듯 했다. 엄마 마음이 편안해야 아기도 정서적으로 안정이 될 텐데 육아에 서툰 엄마의 모유를 먹고 자라 딸도 불안했었던 것 같다. 한 번의 실패로 얻은 아이인지라 자라는 동안 온갖 정성을 쏟았더니 한 번의 실패 없이 무난히 대학교까지 졸업했다.

그때 나는 한 몸으로 세 가지 사업을 병행하느라 힘에 겨웠다. 대학을 졸업한 딸에게 위험부담이 가장 적은 대중목욕탕 운영을 맡겼다. 그러나 막상 목욕탕에서 일하는 딸을 보니 부모 잘 못 만나 날개를 펼치지 못하고 있는 것처럼 보여 안타까웠다. 생각 끝에 캐나다로 유학을 보내기로 마음을 정하고 딸에게 이야기했더니 기뻐했다.

캐나다에서 3년간 학업을 마친 딸은 서양인의 몸매를 닮은 채 공항에 도착했다. 아마도 음식 탓인 것 같았다. 귀국한 지 5일 만에 서울 서초동에 있는 S그룹에서 출근하라는 연락을 받았다. 딸은 귀국하기 전 메일로 입사원서를 여러 곳에 넣고 왔다고 했다. 딸을 혼자 대도시에 내놓으려니 집 문제가 가장 걱정이었다. 나는 딸애의 사무실 근처에 집을 찾기 시작했다. 다행히 아파트가 나왔는데 딸애가 혼자 쓰기에는 넓다 싶어 서울에서 대학교와 대학원을 다니는 삼 남매를 같이 살게 해 주었다.

딸은 직장에서 건실하고 미래가 밝은 남자를 만났다. 사위는 카이스트에 근무 중 딸이 근무하는 회사에 스카우트되어 둘이 인연을 맺었다. 결혼해 아이 둘을 낳고 육아에 전념하던 딸이 어느 날 커피 분야에 심사위원이 되었다고 했다. 좋은 직장을 내놓고 아이들과 씨름하던 딸의 전화하는 목소리에 기뻐하는 기색이 역력했다. 당시 연구실 책임이사로 근무하던 사위도 딸과 함께 사업을 하겠다며 합류했다. 나는 목욕탕을 리모델링하여 N88 카페와 N88 바리스타 학원을 만들어 딸이 사업할 수 있는 기반을 닦아 주었다. 이제는 카페와 학원이 모두 자리를 잡았다.

나는 사위한테 지나가는 말로 물어본 적이 있었다. 대기업 임원이었던 때와 지금 카페를 운영하는 것 중 행복지수를 따진다면 어느 쪽이 더 낫냐고 물었다. 사위는 대기업 다닐 때는 실적을 내야 하는 부담감이 있었고 지금은 좋아서 하는 일을 하니 봄바람처럼 설레고 행복하다고 했다. 내가 괜한 걱정을 하고 있었던 것 같다.

이제 아이들 다섯이 제 짝을 만나 일가를 이루어 살고 있으니 아이들에게서 해방될 때가 되지 않았나 하는 생각이 들었다. 한 달에 한 번씩 돌아가면서 아이들이 집에 오니 사실 남편과 둘이 보내는 시간이 줄어들었기 때문이다. 어떻게 말해야 오해가 없을까 생각하다가 쌀방개처럼 야무진 셋째 딸에게 귀띔했더니, 셋째는 "엄마 모두 한날 오라고 하면 되지요. 얼굴도 보고 근황도 듣고 맛집 찾아 외식도 하고요."라고 했다. 지금은 셋째 딸의 제안을 받아들여 그렇게 하고 있다. 더 바랄 나위가 없다.

윤달 드는 해 하는 효도

　1984년 음력은 12개월보다 1개월이 보태진 윤달이 10월에 드는 해였다. 그해에는 어머님 회갑이 드는 해이기도 했다. 어머니께 어떤 선물을 해 드려야 기뻐하실까? 회갑이 지난 어르신들께 여쭈어 보았다. 가묘를 해두거나 수의를 해놓으면 장수하신다고 하셨다. 어머님은 평소에 명주로 된 수의를 입고 본향으로 가고 싶다고 하셨다. 그래서 아버님 수의는 안동삼베로 하고 어머님 수의는 소원하신대로 명주로 맞춰 선물하기로 하고 수의 만드시는 분께 부탁을 했다.
　수의가 만들어지는 과정을 지켜보니 시간과 정성이 많이 들어간다. 욕조에 고운 등겨를 풀어 삼베를 풀어 담그고 발로 밟는다. 그렇게 여러 날 헹구어 내고 햇볕에 말리고 손질하여 재단을 한다. 남자 수의는 19개 종류로 다음과 같다. 도포, 도포띠, 겹바지,

속바지, 겹저고리, 속저고리, 두루마기, 이불요, 장애, 악수, 버선, 베개, 복건, 오랑조랑, 허리띠, 댓님, 면모, 입싸게, 멧포다. 여자 수의는 원삼, 원삼띠, 겹저고리, 속저고리, 겹치마, 겹바지, 속바지, 단속곳, 9천금, 지금, 장애, 악수, 버선, 베개, 면포, 오랑조랑, 조바위, 입싸게, 멧포 19가지다.

 연세 드신 분들이 손바느질로 만드셨다. 노란색 안동포 수의는 왕포처럼 품위가 있어 보였다. 한 분당 22필이 들어가니 요단강 건너갈 때 입는 수의를 산 사람에게 입게 한다면 무게에 눌려 다 벗어버릴 것 같다. 완성된 수의에 켜켜이 신문을 넣어 문종이로 포장하고 박스에 담아 아버님 수의라 표시해 두었다. 어머님 수의는 어린아이 속살처럼 부드럽다. 부피도 적어 보관하기 좋을듯 하지만 명주 천에는 단백질 성분이 있어 보관하기가 까다롭다. 신문을 켜켜이 넣고 잎담배를 한지에 싸서 추가로 넣어야 좀이 먹지 않는다.

 포장을 다하고 나니 죄송하기도 하고 슬프기도 하면서 자식의 도리를 다 한 것 같아 뿌듯하기도 하였다. 39년이 지나고 보니 그때 내 나이 삼십 대 중반이었다. 어머님 회갑 전날 시댁에 도착하니 남편 형제들이 모여 저녁을 드시고 계셨다. 우리 부부도 한옆에 앉아 식사를 하고 거실에 둘러앉아 서로 간에 안부를 물었다. 시고모님께서 질부는 무슨 선물을 가져왔나 물어보신다. 뜸을 들이다가 "수의를 해왔어요." 하자, 효도했다면서 칭찬을 하셨다.

어머님 표정을 살폈다. 서운한 기색이 역력하시다. 펴보지도 않고 벽장 선반 위에 올려놓는다. 일 년 치 급여로 장만한 수의인데 반기지 않으시니 서운했다. 어머님 90세에 소천하셨으니 수의 해 놓은 지 30년을 더 사시다 소천하셨다. 수의는 좀 먹은데 없이 멀쩡하니 모두가 좋아하셨다. 미리 준비해 두지 않았다면 서걱거리는 중국산 삼베수의를 입고 가시지 않았을까? 하는 생각이 드니 나에게 잘했다, 칭찬을 했다. 수의 종류도 천차만별 명주, 삼베, 무명, 지금은 지우로도 짖는다 하니 살아계실 때 여쭤보고 선택하신 것으로 맞춰드리는 게 좋을 것 같다.

남편과 내 수의도 해 두고 싶은 생각이 들었다. 그래서 1993년 윤 3월 정선군 정선읍 동곡 마을에 도착했다. 공기가 맑아 힐링하러 여행 온 것 같다. 이곳은 삼베 주산지로 도에서 지원받아 마을 작목반에서 대마를 재배하고 있다. 삼은 대마라 하여 한 포기도 밖으로 나갈 수 없다고 이장님이 설명해 주셨다. 공무원에 의해 점검 관리되고 있었다. 명인 댁으로 안내되어 대마를 가꾸고 삼실이 되어 베필이 나오기까지 설명하시며 베 짜는 모습을 시범으로 보여주셨다.

삼베 44필을 사다가 손질했다. 육거리 대청포목 사장님께 부탁드려서 남편과 내 수의를 해두었다. 마음이 울적하거나 스트레스 받는 일이 있으면 가묘에 가거나 수의를 꺼내보며 '죽음이 호흡 지간인데…' 하는 생각과 동시에 불편한 마음이 편안해진다. 금년 2월은 효의 달 윤달이 드는 해이다. 윤달은 비어 있는 공달이니 길일 흉일 좋고 나쁨을 떠나 잠시 간다는 의미이니 얼마나 좋은 달인가? 15년 전 아버님 가시는 길에는 노란 안동포가 길을 밝히고, 어머님은 박꽃처럼 흰 원삼에 날개 달고 아버님 찾아 먼 길 떠나셨다.

농부의 마음

유년 시절 땅 따먹기 하듯 욕심껏 전답을 장만했다. 퇴직한 남편과 함께할 수 있는 일이 무엇일까 생각하다가 농작물을 가꿔보자는데 의견 일치를 보았다. 한 해 농사를 지어보니 손이 많이 가고 힘에 부친다. 경작하기 쉬운 농작물을 고르다 보니 고구마였다. 게으른 내가 재배하기 알맞은 작물이다.

고구마 심는 기구가 비닐을 뚫고 고구마순과 함께 흙 속을 드랑날랑하며 이랑에 생명을 불어넣었다. 뒤따라가며 물을 주고 바람이 들까 꾹꾹 눌러 심었다. 질땅이라 고구마 순을 심는 것도 팔이 아파온다. 땀 흘린 수고만큼 수확하려나, 반신반의다. 금년은 예년에 비해 가뭄이 심한 편이었다. 고구마를 심은 밭이 궁금하여 와보니 고구마 싹은 보이지 않고 비닐에 고구마 싹이 납작 엎드려 있다. 빈 밭으로 두자니 마음이 불편하고 다시 심자니 같은 상황이 될까 걱정이었다. 생각다 못해 조치원 시장으로 싹을 사기 위해 갔다.

비닐에 달라붙은 고구마 싹 옆으로 물을 주며 이랑을 다시 메웠다. 이번에는 뿌리가 잘 내려 주길 바랐다. 얼마 후에 보니 모종한 고구마가 가뭄을 극복하고 줄기가 땅바닥을 덮으며 자라고 있다. 아기가 자라나듯 땅속에서는 덩이뿌리가 굵어지고 있겠지 하는 생각에 뿌듯했다. 다시 며칠이 지나 밭에 들르니 고라니가 뻗어가는 줄기를 밭을 매듯이 이랑을 따라 뜯어먹고 없다. 망으로 울타리를 쳤다. 지나가던 어르신이 웃으신다. 싹이 없는 고구마는 수확이 어려운데 헛수고만 한다고 말씀하셨다.

고구마의 수확 시기인 6월 중순에 다시 고구마 싹을 사다 뒷북치듯 심었다. 고구마 수확은 꿈도 못 꾸니 밭에 들러보는 일도 그만두었다. 큰딸 가족이 다니러 와서 고구마줄기 김치가 먹고 싶다고 했다. 한동안 관심 없이 방치했던 고구마 밭으로 큰딸 가족과 함께 갔다. 파란 순으로 밭이랑은 보이지 않고 가끔 나팔꽃이 보인다.

'웬 나팔꽃이 고구마밭에….' 하고 덩굴을 제치며 꽃이 핀 곳으로 다가가 줄기를 들쳐보니 고구마 줄기에서 나팔꽃 모양을 닮은 꽃을 달고 있다. 9월 초순인데 잎겨드랑이에서 나온 홍색의 꽃자루에 몇 개씩 꽃이 피어 있다. 가끔 내린 비를 질땅이 품고 있다 가뭄을 이겨내고 꽃까지 피웠나 보다. 고구마 꽃을 따서 손녀 귓등에 꽂아 주었다. 손녀 얼굴이 나팔꽃처럼 예쁘게 보인다.

고구마는 서리 오고 수확하면 상하기 때문에 저장하기 어렵다. 요즘 기온이 수확하기 딱 좋다. 아이들을 공휴일에 전부 부르고 기계를 잘 다루는 분에게 부탁하여 캐기로 하고 밭에 모였다. 덩굴을 걷고 비닐을 벗긴 후 기계가 밭이랑으로 들어가 시동을 걸어 작동했지만, 엊그제 내린 비로 질땅이 고구마와 함께 떡이 되어 올라온다.

작업을 중단하고 이랑 흙을 햇볕과 바람에 두어 시간 말린 다음, 기계가 나가며 흙을 일구고 아이들은 고랑에 앉아 흙 속에서 보물을 찾듯 붉은 고구마를 찾아내었다. 실한 것도 있고 주먹만큼 작은 고구마도 있다. 얼마 되지 않은 고구마를 캐는데 많은 품이 들었다. 사서 먹는 것이 훨씬 경제적이라는 생각을 하니 농부들의 마음을 헤아려 보게 되었다.

작업을 해놓은 고구마가 마르기를 기다리며 이밥에 송이버섯을 기름장에 찍어 맛나게 점심 식사하는 아이들을 보며 수확을 핑계 삼아 가족이 단합하는 모습이 꽃처럼 환하게 보인다. 고구마에 붙은 흙을 털어내며 박스에 담아 일을 도와준 지인 것부터 챙겨두고, 아이들 몫을 나누고 보니 작은 것만 남는다. 수 작은 고구마나마 감사할 따름이다. 지인에게 전화가 왔다.

"고구마 먹어 봤어?"

"아니."

"한번 먹어봐. 물에 씻으면 껍질은 자색 빛이 나고 속살은 노란색 중앙에는 흰색의 살이 꿀처럼 달고 밤처럼 구수해."라고 말한다.

함지박에 물을 담아 고구마를 담가두고 남편 오기를 기다린다.

한가위를 앞두고 있었던 일

한가위가 다가온다. 해마다 이때쯤이면 조상 묘를 벌초하여 말끔하게 정리하곤 했다. 벌초 날을 잡자는 연락을 기다리던 참에 아주버님한테서 전화가 왔다.

"혹시 동생이 벌초했어요?"

"아닙니다. 그러잖아도 언제 벌초하나 연락 기다리고 있었습니다." 하고 대답했다.

"이상하네요? 벌초를 다 했던데요?"

도련님 댁에도, 작은 아버님 댁에도 전화를 돌려 여쭈었는데 벌초하자는 연락을 기다리고 있다는 말들만 했다. 이상한 일도 다 있다. 누가 남의 산소를 벌초하고 갔을까? 조상님 묘가 모두 넉 장이다. 많은 건 아니지만, 잔디 식재 면적이 500평이나 되니 다섯 사람은 나서서 깎고 갈퀴질을 해야 하루에 마칠 수 있다.

우리 묘 상석 옆에 자손들 이름이 분명히 있는데 글을 모르시는 분이 벌초하셨나? 설마 다섯이 모두 문맹일까. 기이한 일이다. 아마도 자손들은 오지 않고 인력을 사서 위치만 가르쳐 주며 해달라고 한 걸까? 그렇지 않고야 어찌 이런 일이 생긴단 말인가. 남의 묘를 벌초한 자손을 둔 조상들이 참 가엽다는 생각이 든다. 먹을 것, 입을 것 아껴가며, 가르치고 먹이고 하셨을 텐데 남의 조상 묘를 깎다니. 일 년에 한 번 머리 깎아 단장시키는 일조차 제대로 하지 못하다니 지하에서 통곡하리라.

추석을 전후해서 쇠고기 양지머리 육수에 토란을 넣어 토란 곰국을 먹던 때가 그립다. 조부모님 돌아가신 후부터는 토란 곰국을 집에서 끓이는 것을 보지 못한 것 같다. 우리 부모님은 삼 형제 중에 셋째 아들이니 집에서 차례상을 차리는 일이 없었다. 토란은 추석 전후가 가장 맛있는 음식으로 제사상에 올렸다가 송편과 함께 먹으면 궁합이 맞는 음식이다. 흙 속에 알이라 하여 토란이란 이름으로 불렀다. 연잎처럼 잎이 퍼졌다 하여 토련이라고도 했다. 토란 잎을 잘라 햇볕을 가리었던 어린 시절 기억이 떠오른다.

한가위가 가까워지면 금박을 넣은 예쁜 한복을 입고 환하게 비추는 만월 아래 언니들과 강강술래를 춤추던 때가 그립다. 내 아이들과 손자들은 이런 풍속이 있다는 것을 모르고 지나가는 것이 아쉽다. 이번 추석에 손자 손녀가 오면 오색 송편을 빚어볼 생각이다. 쌀가루 서너 되를 익반죽하고, 네 등분하여 치자로 노란색,

아로니아로 보라색, 쑥으로 푸른색, 녹두, 밤, 풋콩, 참깨로 속을 넣어 빚어볼까 한다. 괴산 청천으로 가서 조선 솔잎도 뽑아왔다. 시장에서 솔잎을 사서 쓸 수도 있지만, 외솔잎을 쓰면 떡이 검어질 수도 있고, 향이 조선 솔잎만 못하다. 고사리 손으로 가지각색으로 송편을 만들겠지만, 명절이라는 추억을 갖고 자라게 하고 싶다. 도란도란 이야기하며, 정도 쌓고, 송편의 유래도 알려 주고 싶다.

 양반 송편은 만월 송편이다. 조선 시대만 해도 양반과 반가를 차례상에 올려진 송편으로 구분했다. 반가에서 제사상에 올리는 송편은 반달 송편으로 만들기가 쉽다. 멥쌀 반죽에 속을 파고, 고명을 넣고, 손안에 넣어 네 손가락으로 눌러주면 반달 송편이 된다. 양반 송편인 만월 송편은 둥글게 빚어야 하므로 정성이 배가 들어갔다. 차례상에 올릴 송편만 만월 송편을 만들어 고이고, 가족과 친척들이 먹을 송편은 반달 송편으로 만들었다.

 가을은 '결실'을 맺는 계절이기 때문에 햇과일과 곡식을 수확하여 조상님께 감사하는 마음을 담아 추석 명절을 보냈던 것 같다. 소먹이놀이로 일꾼과 소의 노고를 위로하는 놀이인 남정네 놀이가 있다. 농악대와 소로 가장한 사람들 중심이 되어 부농으로 들어가면, 주인이 술과 안주와 떡을 푸짐하게 대접하고 한바탕 어울리는 놀이이다. 소먹이놀이로 동네 분들 모두가 흥겨워했고, 우리 조무래기들도 덩달아 따라다니던 유년 시절이 그립다.

제3부

내 삶에 바다는

바다 냄새가 엄마 젖 내음처럼 살갑다.
바위들은 파도에 깎여서 모난 곳이 없다.
바다는 언제나 안식을 준다.

바다에서 안식을 얻다

셋째 딸이 공무원 시험에 합격했다. 발령이 나기 전에 마음의 긴장도 풀 겸 일본 북해도로 함께 떠났다. 비행기 창문으로 내려다보이는 바다는 가슴을 설레게 했다. 우리는 천주교회를 개조해 만든 오랜 역사가 숨 쉬는 호텔에 투숙했다. 경건하지 않으면 안 될 것 같아 기품있게 행동했다. 불교 신자인 나로서는 성모마리아에 대한 알 수 없는 동경 같은 것이 느껴졌다.

동화 같은 아름다운 경치와 맑은 공기를 마시며 딸아이와 손을 잡고 아침 산책길에 계곡을 거슬러 올라가다 보니 맑은 물이 솟아올랐다. 주위에는 개 두 마리가 짖지도 않고 어슬렁거린다. 사람이 없는 것으로 보아 주인 없는 들개인 것 같았다. '개들도 산책을 하나 보다.'라고 생각했다.

호텔에 도착해서 가이드에게 원천에서 있었던 이야기를 하니 깜짝 놀란다. 이곳에는 여우와 늑대가 출몰한다고 했다. 아마 둘 중의 하나일 거라고 했다. 만약 그것이 여우나 늑대라는 걸 그때 알았더라면 오금이 저려 오도 가도 못 했을 것이다. 가끔은 모르는 게 약이 될 때도 있는 것 같다. 돌아오는 길에 부산에서 내렸다. 부산은 학창시절 추억이 있는 곳이다. 수학여행을 해운대로 갔었다. 파도가 바위와 부딪쳐 포말을 일으키며 하늘로 치솟아 오르는 모습을 보며 내가 포말이 되고 싶다는 생각을 했던 기억이 났다. 영도를 지나 태종대로 향했다. 배들이 정박해 있는 모습이 한가해 보인다. 옹기종기 모여 사는 시골 모습이 떠오른다.

조용히 휴식하며 삶의 질을 높일 수 있는 바닷가에 세컨하우스 한 채 있으면 좋겠다는 생각이 들었다. 바다 전망을 바라볼 수 있는 아파트를 찾아다녔다. 처음 소개받은 매물은 수리가 끝나 손볼 데가 없는 깨끗한 내부가 마음을 잡았다. 한 면은 산이 그림처럼 보이고 다른 면은 거제도가 보였다. 쪽빛 바다에 수심이 낮아 해수욕하기에도 좋아보였다.

두 번째 매물로 나와 들른 곳은 도배조차 하지 않은 내부에 조금 실망했다. 해안도로가 아파트를 끼고 도는 것은 장점으로 보였다. 베란다로 나가 바다를 바라보았다. 멀리 희미하게 보이는 곳이 어디인지 물어보니 대마도라고 했다. 일본 땅을 아파트에서 볼 수 있다는 건 새로운 느낌이었다. 다른 쪽으로 보이는 곳이 거제도라고 했다. 수리비야 좀 들겠지만, 후자로 계약을 했다. 구조

변경 업체에 견적을 받고 해운대에 사는 동서에게 살펴봐 주기를 부탁했다.

어디선가 휘파람 소리가 들린다. 둘레를 살펴보니 해녀들이 아침 일찍부터 물질하고 올라오며 숨을 내뱉는 소리다. 가까이 다가가니 전복, 해삼, 멍게를 쏟아 놓는다. 전복 회를 주문했다. 회가 나오기 전에 해녀들이 먹는 아침 식사라며 우럭을 넣어 끓인 미역국을 내준다. 해녀들만 먹을 수 있는 특식이란다. 파도가 촬좌르르 가만가만히 노래를 부른다. 아파트로 돌아와 거실에 누웠다. 태양이 바다에 놀러 오니 금빛 은빛으로 반짝인다. 오늘이 12월 그믐이니 내일 새벽 무진년 새해의 해맞이를 아파트에서 할 수 있다.

다음날 새벽에 우리는 베란다에 이불을 둘둘 말고 나란히 앉았다. 바닷물이 장밋빛으로 퍼져나갔다. 바닷속에서 나온 태양이 장관을 이룬다. 막내를 선두로 함성이 터져 나왔다. 우리 아파트에는 액자를 걸지 않았다. 바라보이는 풍경이 대형 액자 자체여서다. 해 뜨는 새벽도 노을이 지는 바다도 아름답다. 갈매기가 끼룩끼룩 비행한다. 새우깡을 허공에 던지면 날쌘 제비처럼 부리를 벌려 새우깡을 낚아챈다. 재미있고 신기하여 던지다 보면 갈매기에게 봉지를 탈탈 털어 주게 된다.

바다는 어머니의 품속 같다. 무한대의 바다, 무한대의 자애, 가만히 눈 감으니 나는 마치 어머니의 품에 안기어 포근히 잠들고 있는 듯한 착각을 느끼며 어렴풋이 어린 시절을 회상하게 된다. 이 관대한 정情…. 달콤한 이 맛…. 어머니의 품이 아니면 어디서 맛보랴. 큰 것을 보고자 하는 자, 넓은 것을 보고자 하는 자는 시원한 바다를 보라고 하였다. 뭍과 바다가 하나 되는 해변을 우리는 손을 맞잡고 다시 걷는다.

그때 여행 중에 아파트를 마련해 놓길 잘했다. 지금도 휴가 때가 되면 아이들이 돌려가면서 쉬러 간다. 우리도 가끔 내려가서 거실에 누워 하늘에 별도 보고 달도 본다. 정박한 배들이 불을 밝히면 불야성이 된다. 바닷속이 면경처럼 맑은 해안 도로를 산책할 때면 가슴에 쌓인 묵은 체증이 실타래처럼 풀어진다. 바다 냄새가 엄마 젖 내음처럼 살갑다. 바위들은 파도에 깎여서 모난 곳이 없다. 바다는 언제나 안식을 준다. 잠시 바위에 걸터앉으면 부드러운 방석에 앉은 것처럼 편안하다.

나의 경제학 선생님

스위스로 여행을 할 때였다. 푸른 하늘과 맑은 공기는 어린 시절 고향 하늘처럼 푸르고 공기는 신선했다. 목에 풍경을 하나씩 매달고 딸랑거리며 소떼가 지나갔다. 목동은 유유자적 느린 걸음으로 소떼를 따라갔다. 푸른 초원에서 풀을 뜯어 먹고 자란 소의 우유로 만든 요거트와 치즈는 목축업을 하는 사람들의 주 수입원이 된다고 하였다. 허기로운 고향집 새벽 풍경이 떠올랐다.

사랑채 부엌에서 꼴머슴이 소죽을 끓인다. 커다란 가마솥 위로 하얀 김이 모락모락 오르고 솥전에는 뜨거운 눈물이 흘러내린다. 구수한 소죽 냄새가 퍼지자 외양간에 있는 우리 집 살림밑천 일소가 커다란 눈을 끔뻑이며 되새김질을 한다. 나는 전날 뽑아 숨겨 놓았던 풋콩을 소죽을 끓이는 꼴머슴에게 내주었다. 잔불을 헤집고 콩을 노릇하게 구워 그가 내게 건네주었다. 누가 볼세라

방으로 가져가 신문을 펼쳐놓고 구운 콩대를 올려놓았다. 침부터 꼴깍 넘어간다. 이내 콩깍지를 벌리고 노릇하게 구워진 콩알을 꺼내 먹었다.

농촌에서는 사람보다 더 필요한 게 일하는 소였다. 동네를 통틀어 일소가 있는 집은 두서너 집밖에 없었다. 일소는 장정 몇 사람 몫의 일을 했다. 소가 없는 집에 일소가 하루 일을 해 주면 장정 두 사람의 품앗이를 해주었다. 농사철에 논밭을 가는 것도 모두 소가 했다. 논을 갈아 물을 가두고 써레질로 흙덩이를 잘게 부쉈다. 번지를 달아 평평하게 수평을 맞추는 공정을 할 때 친구 길자와 나는 질퍽한 흙탕물이 사방으로 튀는 번지 위에 올라타서 흙강아지가 되곤 했다. 그 모습이 우스워 우리는 서로 쳐다보며 웃었다.

마님한테 야단맞는다며 머슴이 말렸지만, 우리가 양쪽에 앉아 무게를 더하니 논바닥이 고르게 골라졌다. 머슴은 소의 목에 멍에를 걸고 달구지를 연결한 후 모춤을 가득 싣고 와서 논바닥에 듬성듬성 던져 놓았다. 우리는 미끄러지면서 온몸에 머드팩을 했다. 어른들은 양쪽에서 못줄을 대고 노래를 불러가며 열을 맞춰 모를 심었다. 다른 날 같으면 머슴은 꼴을 베어 소에게 먹일 텐데 그날은 머슴도 모내기에 투입되어 소 풀 뜯기는 내 몫이었다.

만화책 몇 권을 들고 소를 몰고 산으로 갔다. 여름 산은 시원하면서도 뜨거운 바람이 숨을 헐떡이게 했다. 소는 자귀나무에 매어두고 그늘진 곳에서 만화책을 읽다 보면 해가 설풋하게 넘어갔다. 소는 키 닿는 곳까지 자귀나무 잎을 먹고 고삐를 나무에 칭칭 감고 있었다. 고삐를 풀어 집으로 향하는 길에 소의 갈비뼈가 드러나고 등은 땀으로 젖어 있었다. 물이 흐르는 도랑에 넣으니 목이 많이 탔는지 꿀꺽꿀꺽 물 넘어가는 소리가 들렸다. 배가 북통이 되도록 물을 먹은 소를 몰고 집에 도착했다.

하라는 공부는 안 하고 소와 놀고 왔다고 어머니가 야단을 치셨지만, 꿀물에 미숫가루를 타다 방에 살며시 넣어주셨다. 달달한 미숫가루를 먹자니 소가 더위를 탔을까 봐 걱정되었다. 아니나 다를까, 다음 날부터 소가 시름거리며 소죽을 먹지 않았다. 외양간에 살며시 가보니 눈만 껌뻑거리고 누워만 있다. 할아버지께서는 소가 더위를 탄 것 같다며 꼴머슴에게 소태나무를 베어 오라고 하셨다. 뜨물에 쌀겨와 짚을 넣어 소죽을 끓여 소태나무를 섞어 먹였다. 소태나무가 소 더위 먹었을 때 약이 되는 것을 그때 처음 알았다.

시울에서 지상생활을 하다가 고향에 내려와 은행에 근무했었다. 부모님은 월급은 스스로가 관리하라며 용돈도 받지 않으셨다. 월급 두 달 치를 모으면 송아지 한 마리를 살 돈이 되었다. 알뜰히 모은 내 돈으로 두 달에 한 번꼴로 송아지를 사서 한 집씩 분양하다 보니 집집마다 소 있는 마을이 되었다. 송아지가 자라 어미 소가 되어 송아지를 낳으면 소를 키운 집에 송아지는 무상으로 주고 큰 소는 우시장에 내다 팔았다. 큰 눈을 끔뻑이며 소 눈에는 눈물이 가득 고였다. 헤어지는 슬픔은 사람이나 소나 똑같다. 말은 못하지만 소는 사람의 소리를 알아듣는 것 같다. 농부가 밭갈이할 때 보면 어찌나 사람의 말을 그리 잘 알아듣던지.

  소는 내게 특별했다. 결혼할 때도 부모님께 이불 한 자락 받지 않고 소를 판 돈으로 4톤 트럭 두 대 가득 혼수를 가지고 시집을 갔다. 친정어머니께서는 혼수 때 쓰려던 돈을 결혼하고 건설업을 시작할 때 챙겨 주셨다. 오 남매 모두 대학과 대학원까지 마칠 수 있는 초석이 된 것도 소였다. 경제에 눈을 뜨게 해주고 사업의 밑거름이 된 소는 내게 특별한 인연이다. 왕방울만한 눈을 껌벅이며 순하디 순한 소의 모습이 지금도 눈앞에 어른거린다.

목욕탕 청소하는 여자

 의자, 대야, 바가지들을 온탕 속으로 밀어 넣었다. 새벽부터 저녁까지 수고하였으니 이제 목욕용품들 목욕을 시킬 차례가 되었다. 하나씩 꺼내 퐁퐁과 식초 섞은 물에 수세미를 담가 앞뒤로 박박 문질러 놓았다. 탈의실에서는 진공청소기가 도르륵 도르륵 경쾌한 소리를 내며 구석구석 남편을 따라 다닌다. 집에서는 청소한번 하시 잃던 남편이 내일 날이 밝으면 찾아올 목욕 손님들을 위해 청소를 한다.
 초벌 때 닦는 일이 끝나 간다. 이제 온탕 안에 있는 물을 빼야 할 차례다. 하수구로 연결된 마개를 빼려는데 잘 빠지지 않아 간신히 뺐다. 수압 때문인 것 같다. 줄어 들어가는 온탕 속으로 초벌 닦은 목욕용품들을 배를 띄우듯 둥둥 띄웠다. 하나씩 들고 또 닦아서 찬물에 헹궈 엎어 놓았다. 바가지 하나만 해도 네 번은 손이 가야 한다. 초벌 때를 닦고 수세미질을 하여 온탕에 다시 넣고, 퐁퐁이나 식초 성분이 남지 않게 또 닦은 후 찬물에 헹구어낸다. 그리고 나면 목욕 용기들이 뽀득하고 개운하다. 남편이 할 일은 더 있다. 탕안의 타일은 물론 벽을 꼼꼼히 닦고 수도꼭지 사이사이를 닦는다.

'우리가 지금 뭘 하고 있는 거지? 청소하는 사람을 내쫓고 말이지….' 이렇게 생각하며 청소하는 남편의 뒷모습을 물끄러미 쳐다보았다. 내 속말을 알아듣기라도 한 것처럼 뒤돌아보며 씩 웃는다. 우리 부부가 이틀째 직접 청소를 하게 된 원인 제공을 남편이 했다.

욕탕 청소는 세신을 맡은 분이 책임지고 직원을 관리해 오고 있다. 코로나 19가 창궐하는 때라 목욕탕을 더욱 청결하게 하여야 한다는 게 남편 생각이었다. 그래서 목욕탕에 들러서 청소가 미진하게 된 부분을 점검하여 메모해서 세신 맡은 직원에게 전했다. 그랬더니 청소 맡은 이가 그만둔 것이다. 세신 맡은 분이 당황스러워하면서 사람 구할 때까지 도움을 요청했다. 그래서 나도 같이 돕겠다고 나서서 이틀째 목욕탕 청소를 하고 있는 거다.

그러니 누굴 원망하겠는가. 남편은 바닥을 닦고 또 닦는다. 미끄럽지 않게 바닥이 까슬까슬하도록 닦는 성실함은 높이 살만하다. 마무리는 호스를 연결하여 거품을 완전히 제거하고 시원하게 벽체까지 샤워를 시켜준다. 바닥은 세 번을 씻어내고 맨발로 문질러 미끄러지지 않는 것을 확인하면 된다. 소나기 내린 하늘처럼 개운하다.

청소를 마치고 나란히 서서 샤워를 한다. 이렇게 같은 탕에서 목욕을 했던 적이 우리에게 있었던가. 신혼여행 이후 처음인 것 같다. 오래 살아 부부간 정이 그날그날 한다면 이 방법 한번 권하고 싶다며 웃었다.

"개미허리가 절구통이 되었네?"

갑자기 장난기가 발동했는지 남편이 내 허리를 감싸 안으면서 말한다.

"이번 기회에 개미허리로 되돌려보자. 근육도 단련하고 몸무게도 줄여 건강해지면 일석이조지 뭐. 반세기 동안 살면서 함께 일해 보는 건 처음이잖아. 안 그래?"

안 하던 말을 길게 하는 것 보니 주름진 내 모습이 안타까운가 보다.

목욕탕 청소할 때 남편은 박박 닦고 나는 물을 뿌릴 때가 있는데 가끔 남편에게 물을 뿌려 장난도 치곤 한다. 어린애들처럼 그렇게 즐기다 보면 지루했던 일상에서 활력도 찾는다. 할 수 있는 일이 있다는 것은 살아있는 사람에게 행복이라는 것을 새삼 깨닫는다. 요즘 물속에서 일을 했더니 뚜걱거리던 관절이 부드러워지고 뒤척이던 잠자리도 편안해졌다.

특별한 선물, 술 석 잔

　중년의 부부가 아들을 데리고 나를 찾아왔다. 이들은 내가 다리를 놓아 맺어준 부부다. 고마움을 잊지 않고 산다며 그간 가끔 소식을 전하던 사이다. 예나 지금이나 변하지 않는 모습이다. 반가움에 거실로 안내했다. 그들이 가져온 선물 꾸러미를 풀어놓는다. 떡과 빼빼로, 그리고 흰 봉투다.
　감사의 마음을 담은 봉투라 해서 고맙게 받았다. 그런데 빼빼로 선물이 특이하여 선물에 무슨 의미가 있느냐고 물어보았다. 그랬더니 살다 보면 가던 길 멈추고 옆길로 빠지고 싶은 마음도 있는데 그때마다 유혹을 이겨내고 곧은 길만 가라는 의미로 넣었다고 했다. 그에게 존경심이 올라왔다.
　가장인 그는 1남 2녀를 두고 아이들과 경쟁하듯 대학원에 다녔다고 했다. 석사학위를 네 번 받고 법학박사에 도전하여 성취하였다고 하였다. 로스쿨에서 강의하며 법원에 가 봉사도 한다고 했다. 결혼하여 사업과 학업을 다 성취하였다며 다 내 덕이라며 치하를 한다.

오늘이 60년을 넘는 문턱이라고 했다. '벌써 회갑이구나.'하면서 얼굴을 쳐다보았다. 가라앉은 모습은 보이지 않고 싱글거린다. 알고 지내는 지인들과 고마운 분들에게 떡과 빼빼로에 감사함을 담아 일일이 찾아다니며 인사를 드리고 있다고 했다. 회갑 문턱을 남다르게 보내고 있는 그는 난사람이고 든 사람이며 된 사람이다. 그의 사람됨에 고마움을 느꼈다.

그는 사업을 하는 청년이었고 여성은 대학에 근무했었다. 양가 부모님들은 다리를 놓아준 나를 믿고, 만난 지 반년 만에 백년가약을 맺어주었다. 늘 웃는 날만 있기를 기도했었는데, 나의 기도가 성취된 듯하였다. 함께 온 아들에게 아빠를 닮아가는 삶을 산다면 성공한다고 말해주니 존경하는 눈빛으로 제 아버지를 바라본다. 현관 밖에 나가 배웅을 하며 차가 멀어질 때까지 손을 흔들어 주었다. 특별한 빼빼로 선물의 의미를 새기며 살리라 다짐했다.

계단을 한 칸 한 칸 올라오자니 내가 인연을 맺어준 또 한 쌍의 부부가 떠오른다. 신부감은 딸이 다니던 유치원 선생님이었다. 딸을 유모차에 태우고 다니면서 그녀의 순수함과 성실함과 사랑으로 아이를 돌봐주는 모습이 나를 감동하게 했다. 친구에게 그녀의 사람됨을 이야기하며 아들이 있다면 며느리로 삼고 싶다고 말했었다. 내 말을 듣고 있던 친구는 동생이 있다면서 소개해 달라고 한다. 신랑감은 서울대학교를 졸업하고 공기업에 근무하며 성실하다고 어필하였다. 그래서 친구 동생을 다리를 놓아주니 연분이었는지 부부의 연을 맺었다.

  친구는 만날 때마다 술 석 잔으로 고마워한다. 그 부부 아기 백일날 초대 받아 갔다. 그때 친구 어머니가 반기신다. 버릴 것 하나 없는 며느리 소개해줘서 고맙다고 하셨다. 지금도 만나면 뺨 석 대가 아닌 술 석 잔이다. 대단한 업적을 남기기라도 한 양 두고두고 감사인사를 받는, 뺨 석 대가 아닌 술 석 잔은 특별한 선물이 아닐 수 없다.

  결혼풍습이 많이 변했다. 중매보다는 연애결혼이 많다. 연애결혼과 중매결혼 모두 장단점이 있다. 내가 경험한 두 쌍의 중매는 중매결혼의 장점을 잘 살려 성공한 사례다. 다리를 놓아주는 내가 양쪽 집안을 속속들이 알고 소개해서 서로의 사정을 잘 아니 혼수 목록으로 혼사가 깨질 염려가 없었다. 양가에서 합리적으로 진행하여 든든한 후원자가 되어 주니 좋은 결과를 가져올 수 있었지 싶다.

엄마 품처럼 포근해지기까지

간단한 운동복차림으로 집을 나선다. 집 앞 느티나무에서 새들의 공연이 벌어졌다. 이른 아침부터 각양각색 음색으로 저마다 노래를 부르니 귀가 즐겁다. 오늘부터 운동장에서 맨발로 걷기 하는 팀에 합류하기로 했다. 천변을 지나 경산초등학교에 들어갔다. 아이들이 등교하기 전에 해야 해서 이른 아침에 모여서 걷는다.

교문에 들어서니 여러 명이 강강술래 하듯 원을 그리며 걷고 있다. 모두가 맨발이다. 오늘이 처음이지만 용감하게 양말과 운동화를 벗었다. 발가락을 꼼지락거리면서 다른 사람들처럼 맨발로 땅을 밟았다. 첫발을 떼는데 모래알들이 발바닥을 콕콕 찌른다. 어찌나 강렬한지 허리까지 느낌이 전해진다. 작은 돌을 밟았을 때는 깜짝 놀랄 정도로 아팠다. 한쪽 발을 드니 허리까지 기울

어진다. 이왕 시작하였으니 두 바퀴만 돌아보자고 마음먹었다. 한 바퀴 도는데 10분이 걸린다고 하니 20분만 걸어볼 생각이다.

맨발 걷기를 끝내고 조회대 앞에 앉았다. 계속 걸으면서 운동하는 분들을 관찰했다. 다들 몸에 힘을 빼고 가볍게 걷는다. 자연스럽게 걷는 이들을 보면서 얼마나 오랫동안 맨발 걷기를 했을까 궁금증이 올라온다. 요즘 맨발로 걷기 운동이 이슈가 되고 있는데 정말 효과가 있을까? 건강과 어떤 연관성이 있기에 고통을 감내하면서 걷고 있는 걸까? 저들처럼 맨발로 걷는다면 내 발바닥에 있는 굳은살도 없어질까? 앉고 앉았다 일어설 때마다 뻐근하고 우리한 허리통증은 사라질까? 연신 물음표가 맴돈다. 어깨 통증이 심해 매일 아침마다 비 맞은 새처럼 비틀거리면서 일어난다. 개운하게 기지개를 켜면서 일어나고 싶다.

한참 앉아 있는데 남편 간병하러 갔던 친구가 맨발로 자박자박 걸어와 내 손을 잡는다. 너무 반가웠다. 친구 남편 소식을 물었다. 잠시 말이 없던 친구는 이내 눈시울이 붉어졌다. 남편이 하늘나라로 떠났다고 했다. 친구는 남편을 떠나보내고 손자 손녀를 돌보다가 쓰러졌었다고 했다. 시집간 딸이 편안하게 직장생활을 할 수 있도록 손자 손녀를 돌보기 시작한 것이 5년째인데 몸에 무리가 온 것 같다고 했다. 병원에 입원했다가 퇴원하고 나니 정신이 번쩍 들더란다. 그 후 맨발 걷기 운동을 권유받고 건강을 위해 6개월째 한 시간씩 걷는다고 했다.

처음에는 지팡이를 짚고 걷다가 지금은 두 다리로 걸을 수 있게 되었단다. 맨발로 걷다 보니 어둔했던 말도 정상으로 돌아오고 혈압도 떨어졌다고 했다. 앉아 있는 내게 왜 맨발로 걷기 운동을 더 하지 않느냐고 했다. 나는 걷는 것이 불편하고 허리까지 통증이 온다고 했더니 몸에 맞게 조금씩 늘여가며 운동하라고 일러주었다. 처음에는 양말을 신고 걷다가 익숙해지면 맨발로 걸어보라고 조언했다.

다음날부터 친구 조언을 생각하며 걸었다. 걸음마를 배울 때처럼 천천히 걸었다. 한 발짝씩 걸을 때마다 무수한 생각들이 꼬리를 물었다. 언제쯤이면 맨발로 걷는 것이 힘들지 않고 편안하게 느껴질까. 나도 다른 사람들처럼 맨발 걷기를 잘할 수 있을지 걱정이 되었다. 중년이 넘도록 사는 게 바빠 내 몸을 돌볼 여력이 없었다. 그때까지는 젊어서인지 몸이 물먹은 솜처럼 무거워도 하룻밤 푹 쉬고 나면 거뜬하게 일어났다. 그때는 몸 밖으로 땀 한 방울도 안 내보낼 만큼 몸이 단단했었다.

지금은 어떤가. 가만히 앉아 있기만 해도 그동안 쉬어 수지 못하고 부려먹기만 한 몸에서 땀이 흐른다. 이렇게 망가진 몸을 생각하면 내가 나에게 미안해진다. 친구를 보면서 마음을 다잡는다. 나도 아직 늦지 않았노라고 스스로 위로한다. 흙길을 맨발로 걷는다. 흙과 돌멩이들이 발바닥에 분포한 신경 말단을 자극한다. 혈액순환이 되는지 몸 전체가 달아오른다. 몸이 가벼워지며 개운해진다. 드디어 흙길이 엄마 품처럼 포근하게 느껴진다.

  맨발 걷기를 하고부터 혈압이 정상으로 내려가고 허리통증도 없어지니 편안하게 잠을 잔다. 빠졌던 근육이 차오르면서 걸음걸이가 가벼워지고 근육이 붙은 것 같아 기분이 좋다. 무릎과 발목 부상이 많았는데 이제 낙상 사고의 위험도 적어지지 않을까 생각하니 하루가 가볍다. 맨발 걷기를 늦게 시작했지만, 천천히 꾸준하게 걸어 건강한 삶을 살아야겠다.

삶은 뜸들이기

결혼하고 시댁에서 신접살림을 시작했다. 아궁이에 불을 때서 밥을 해 먹던 시절이었다. 어머님은 아궁이 옆에도 서지 못하게 하셨다. 혹시 며느리 치맛자락에 불이라도 붙을까 걱정되셨나 보다. 나는 이방인처럼 설 자리가 없었다. 밥상은 형님이 신혼 방까지 가져다주셨고, 설거지라도 하려고 하면 그릇이 부딪쳐 이 빠진다고 손도 못 대게 하셨다.

시댁에서 16일 동안 함께 살고 분가하는 날이다. 이삿짐을 차에 싣고 인사를 드린 후 차에 올라타려는 순간 어머님이 밥도 할 줄 모르는 며느리에게 아들을 맡기는 마음이 걱정되신 듯 거실 바닥에 털퍼덕 주저앉으셨다. 그리고는 거실 바닥을 두드리시며 "우리 아들 밥이나 먹고 출근하려나." 하시며 눈물을 흘리셨다. "어머님, 걱정하지 마세요. 따뜻한 밥 해줄게요." 하고는 트럭 두

대에 신혼살림을 싣고 출발했다.

　시내로 이사와 이삿짐을 내린 다음 점심은 짜장면을 배달시켜 먹었다. 저녁에는 쌀을 양은솥에 넣고 후지카 풍로에 올렸다. 보글보글 끓는 소리가 정답게 들렸다. "밥하는 게 별건가, 쌀이 익으면 먹으면 되지. 어머님은 별걱정을 다하셔서…."라고 혼자 종알거렸다. '이제 밥이 되었겠지' 하고 뚜껑을 열어보니 죽이 되어있었다. 남편은 처음 해 본 것 치고는 잘했다고 칭찬하였다. 다음부터는 물 조절을 잘하면 된다고 위로했다.

　우리는 설익어 설경거리는 죽을 말 없이 먹었다. 남편이 불평도 없이 먹고 있으니, 나는 미안하기도 하고 부끄럽기도 하여 목에 넘어가지 않는 죽을 억지로 먹었다. 잠자리에 들었는데 체했는지 뱃속에서 꾸르륵 요동을 친다. 다음 날 아침에 일어나니 남편이 밥상을 들고 들어온다. 고슬고슬하게 잘 지어져 있었다. 출근하는 남편을 배웅하고 설거지를 했다. 씻은 그릇을 마른 행주질 하며 찬장 속에 정리하다 보니 노트가 보였다. '이게 뭐지?' 하고 들춰보았다. 노트에는 점심 거르지 말라는 메모와 함께 밥물 붓는 양과 불 조절 하는 법이 세밀하게 적혀있었다. 어머니가 넣어두신 거다. 커피 한 잔을 마시고 밥 짓는 연습을 했다. 진밥을 짓기도 하고 태우기도 하면서 불 조절을 하다 보니 마침내 고슬고슬한 맛있는 밥을 하게 되었다.

　깨를 볶는 고소한 냄새가 담장 안에서 춤을 추다가, 담장 밖으로 놀러 갈 때쯤, 몸에 밴 습관이 튀어나왔다. 환경과 풍습이 다른 부모 밑에서 자란 우리는 서로 다른 모습에서 이해가 되지 않는 부분이 보이기 시작했다. 내 눈에 들보가 있는 것은 모르고 남편 눈에 있는 티끌만 보고 불평을 했다. 묵묵히 있던 남편은 어느 날, 서로에게 있는 단점은 고쳐나가고 장점만 보도록 노력하자고 했다.

살면서 난관이 있을 때마다 남편이 신혼 때 했던 말을 떠올린다. 스스로 성찰하고 반성하는 시간을 가졌다. 나는 감성적인 사람이다. 판단할 일이 있으면 즉석에서 한다. 늘 설익은 밥이다. 그런 내가 남편과 반세기 가까이 살면서 뜸을 들이다 보니 뜸이 들기 시작했다. 이제는 죽을 먹는 날은 서로를 바라보며 웃는다.

얼마 전 며느리를 봤다. 며느리가 사랑스럽기 그지없다. 신혼여행을 다녀온 사랑스러운 며느리에게 썼다.

"새아가, 늘 외롭게 성장한 아들에게 서로의 온기로 마음을 가득 채우며 살기를 바란다. 회사 일로 바빠 내 손으로 더운밥 한번 해 먹여본 적 없는 아들에게 미안한 마음을 얹어 너에게 보내 미안하구나. 나와 함께 한 시간보다 너와 살아갈 시간이 많으니 너희 둘이 서로에게 따뜻한 밥을 해서 섬기는 마음으로 대접하면 좋겠다. 쌀은 신혼이고, 물은 일상이고, 보글보글은 오손도손이고, 뜸은 평화란다. 너희의 시작은 옥토에 떨어진 씨앗이고, 물은 넉넉하고 햇볕도 충분하니, 수확하는 시기를 뜸 들이는 과정이라고 생각하며 세상에서 가장 행복한 사랑이란 밭을 가꾸어 나가기 바란다."

편지를 쓰다 말고 잠시 멈춘다. 거실 바닥에 털썩 주저앉으셔서 바닥을 치시며 당신 아들 밥을 굶기실까 봐 걱정하시던 어머님 모습이 떠오른다. 그때 속울음을 우셨던 어머님 마음을 이제는 알 것 같다. 어머님은 내게 오직 당신 아들에게 밥 잘해주는 것만 바라셨다. 그런데, 나는 내 며느리에게 너무 많은 것을 바라고 있다.

황금빛 은행

 봄에 움트는 연초록 은행잎 가지 사이로 하늘이 보인다. 바람의 놀이터인 그 사이로 햇빛이 비추며 그림자와 공존한다. 바람뿐 아니라 여름에는 그늘을 만들어 우리들의 놀이터가 되어준다. 그런가 하면 비 오는 날은 우산이 되어 준다. 가을이 되면 열매는 황금 알이 되고 잎은 금화가 되어 떨어진다. 어찌 그뿐이랴. 겨울에는 하얀 눈이 쌓여 멋진 크리스마스트리가 되어 설렘을 준다. 은행잎을 금화라 표현한 건, 이파리하나 버릴 게 없어서다. 은행나무의 특징은 잎새다. 그 짙푸른 잎새는 여름내 더위에 지친 이들 마음에 청량제 역할을 하고, 불나방 따위의 나쁜 벌레가 덤비지 못하게 한다.
 친정 동네 한가운데 300년 된 은행나무가 장승처럼 서 있다. 가을이면 황금 알은 화장실 냄새가 되어 바람을 타고 학교 가는 길까지 따라왔다. 어릴 적 은행나무 한 그루는 땅 천 평과도 바꾸지 않았다. 천 평에서 나오는 수확물로는 대학교 등록금을 낼 수 없어도, 은행나무 한 그루에서 나오는 수익은 소도 살 수 있고 대학 등록금도 낼 수 있을 만큼 좋았다.

어린 시절 수확한 은행은 상인들이 수매해 가고 이삭을 줍기 위해 나뭇가지로 금화 은행잎을 헤집고 다녔다. 냄새가 얼마나 심한지 장화를 신고 발로 문질러 껍질을 벗겨야 했다. 대바구니에 담아 물에 헹구면 연푸른 빛깔을 띤 노르스름한 알이 나온다. 망치로 톡톡 숨구멍을 열어 쇠죽 끓이는 아궁이에 넣어두면 푸른 빛은 사라지고 노란 은행 알이 먹음직스럽게 익어갔다. 쫀득한 맛이 얼마나 맛있는지 서로 먹으려고 쟁탈전을 벌였다. 아침이면 손가락 사이가 허물을 벗고 가렵다. 씻어낸 은행 알을 굽는 과정에서 옻독이 올랐기 때문이다. 지금처럼 일회용 장갑이나 고무장갑이 없던 시절이었다.

다락리에 마련한 농장에 은행나무가 가득하다. 가을에는 들국화처럼 황금빛을 띤 은행 알이 뚝뚝 떨어지고 금화들은 바람에 일렁인다. 한동안 제약회사에서 우리 농장에 와서 파란 은행잎을 매입해 가던 때가 있었다. 혈액을 맑게 하는 징코민을 만드는 원료란다. 은행 알도 쏠쏠하게 돈이 됐었다. 그런데 언제부터인가 매입해 가지 않는다. 다른 물질로 대체했나 보다.

티 없이 맑고 높은 하늘에서 금방이라도 동아줄이 내려올 것 같다. 동아줄을 타고 하늘로 올라가 지구를 내려다보고 싶다고 꿈을 꾸던 때가 있었다. 가을이 오면 다락리에 갈 거다. 은행나무 아래에 서서 가을을 구경할 거다. 볼 거다. 은행나무와 어우러져 불타는 단풍, 주렁주렁 열린 사과들, 황금빛 배와 단홍색 대추를 보면서 올려다보는 아름다움과 동아줄타고 올라가 내려다보는 차이를 느껴보리라. 금화를 밟고 사색하며 쫀득한 은행 맛과 함께 했던 소꿉친구들, 가을에만 만끽할 수 있는 아름다움을 가득 담아 오리라.

제4부

어우렁더우렁

우리 농막에 터를 잡은 제비도 가을이면 남쪽 나라로
이사 갔다가 내년 여름에 다시 농막으로 돌아오리라 믿는다.
제비야 제비야 우리 함께 어우렁더우렁 살아보자.

어우렁더우렁

　농막에 들어서니 제비 한 쌍이 연미복을 잘 차려 입고 우릴 맞이한다. 도련이 두 갈래로 갈라진 남성복을 제비 꼬리와 닮았다 하여 연미복이라 한다. 퇴직한 남편에게 소일거리를 제공하려고 농장을 미리 마련해 두었었다. 남향으로 터를 잡아 친환경 자재로 전원주택을 지었더니, 제비가 먼저 입주하여 주인행세를 하는 것이다. 글쎄 주인 허락도 없이 처마 밑에 흙과 지푸라기로 집을 짓고 둥지를 잘도 틀었다. 다래 넝쿨을 세 그루 올리느라 가림막을 설치했더니 가림막 위로 나와 나란히 앉아서는 어서 오라고 한다. 저 놈들 부부다. 살펴보니 암컷은 꼬리가 짧고 수컷은 꼬리가 길다. 꼬리 깃털이 길수록 암컷을 잘 사귈 수 있다는 학설이 있다. 알을 낳고 부화를 하여 식구를 늘여가는 제비 식구가 있어 보기가 좋다.
　제비 새끼들이 지지배배 지지배배 노란 주둥이를 벌린다. 어미 제비와 아빠 제비가 먹이를 구하러 낮게 날아간다. 곧 비가 올 것 같다. 제비는 날 곤충들을 먹이로 한다. 기압이 낮아지면 날 곤충들 날개가 무거워지니 낮게 낮게 되고 날 곤충을 먹는 제비 역시 먹이 사냥을 하기 위해 낮게 나는 것이다. V자 모양의 꼬리 깃털과 부리 부분의 붉은 색이 가까이 보니 더 아름다워 보인다. 제비 비행속도는 평균 50km/h, 최대 속력은 250km/h이다. 꼬리 깃털의 곡선이 겹치며 매끈함과 민첩함이 멋지다.

제비처럼 날렵하게 차려입고 춤추러 가는 남정네를 보고 80년대에는 제비족이라 했다. 제비는 순한 성격에 사람을 닮은 점도 있다. 동료 제비가 죽어 있는 자리에서는 한참을 머뭇거리며 떠나지 못한다. 다른 제비들도 같은 행동을 한다. 이런 풍경은 유년에 자주 보았던 광경이었다. 유년 시절에 보았던 제비집은 늘 그 자리에 있었고 다음 해에는 지푸라기와 진흙을 물고 와 수선하는 모습을 종종 보았다. 순한 제비도 알이 부화되어 새끼들이 나올 때는 가끔 위협하는 행동을 하기도 한다.

사람이나 짐승이나 새끼를 보호하는 본능은 매한가지인 것 같다. 여러 가구로 형성된 마을에도 제비가 집을 짓는 집은 몇 집 되지 않는다. 하물며 우리 농막은 도시 근교에 있다. 시내버스가 다니고 가끔은 트랙터도 다닌다. 제비가 집을 짓고 새끼를 키우기에 적절치 않아 보인다. 그럼에도 찾아와 집을 짓고 사니 반갑기 그지없다.

옛날 할아버지께서 말씀하신 것을 떠올려 보았다. 둥지를 짓기 전 부부 중 한 마리가 먼저 둘러보고 마음에 들면 진흙으로 표시를 해 두고 갔다가 부부 제비가 함께 협력해서 집을 짓는데 무거운 진흙은 수컷 제비가 물고 와 형태를 만들고, 암컷 제비는 진흙이 마르기 전 가벼운 짚이나 덤불을 얹어 제비집을 만드는데 그 모습이 아름다워 보인다고 했다. 그놈들 우리 농막이 마음에 들었나 보다.

제비들도 저희들만 통하는 언어가 있고 규칙이 있는 듯하다. 집을 짓다가도 부부가 싸움이 잦으면 다른 곳으로 옮겨 집을 짓는다고 한다. 제비이면서 맹모삼천지교孟母三遷之敎를 실천하는 사람처럼 자식들을 위해 이사를 하는 것이 사람과 같은 행동을 하니 신기할 뿐이다.

우리 농막은 새들의 낙원이다. 산 까치가 놀러 오고 참새들이 벌떼처럼 무리 지어 포롱하며 날아다니기도 한다. 비둘기도 한 몫한다. 비닐하우스 속에 깔아둔 왕겨가 놀이터가 되어 심심치 않게 구구구 노랫소리도 들려준다. 이제 식구가 늘었다. 처마 밑에 신혼집을 차린 제비 가족이 있다.

짐승은 지각의 변동이나 날씨에 민감하다. 짐승이 살기에 편한 터는 길지이기 때문이 아닐까 생각해 본다. 우리 농막에 터를 잡은 제비도 가을이면 남쪽 나라로 이사 갔다가 내년 여름에 다시 농막으로 돌아오리라 믿는다. 제비야 제비야 우리 함께 어우렁더우렁 살아보자.

먹감나무

집중호우 때문인지 올해는 과일 맛도 예전 같지 않다. 참외와 수박도 단맛이 덜하다. 보기엔 먹음직스러워 보이는 복숭아도 싱겁고 생각만큼 달지 않다. 장마철에 수확해서 그런 것 같다. 옛날에는 먹을 것이 귀해서였을까. 그때는 모든 과일이 다 맛있었던 것 같다. 그중에서도 겨울밤 꿀처럼 달달하게 먹던 고욤 생각이 많이 난다. 하도 조그마해서 과일 취급도 못 받던 고욤은 정말 맛있었다. 작지만, 꿀이 흐르던 고욤의 단맛을 생각하면 아직도 입에 침이 고인다.

고욤나무의 열매는 씨가 반 이상을 차지해 실제로 과육은 얼마 되지 않아 먹을 게 없다. 그러나 그 맛은 상상을 초월할 만큼 달달하다. 친정어머니는 초겨울에 고욤을 따서 단지 가득 채워두셨다. 고욤이 단지 안에서 절이 삭으면 긴 겨울밤을 심심찮게 보낼 수 있는 군입거리가 되었다. 고욤을 입안에 한 수저 넣으면 혀가 시리도록 차고 꿀처럼 달콤했던 기억이 아련하다. 아침이 되면 우리 자매는 습관처럼 그릇 가득 담겨 있는 고욤 씨를 울 밖으로 훌훌 던져 놓았었다.

겨우내 땅속에서 잠자던 고욤 씨는 봄이 오면 쌍떡잎을 달고 기지개를 켰다. 누가 돌보지 않아도 혼자 씩씩하게 자란 고욤나무 대목에다 할아버지께서는 감나무로 접목을 붙이셨다. 실하게 접목된 고욤나무가 5년쯤 지나면 하얗고 작은 꽃이 피고 열매가 달렸다. 어린 시절에 고욤을 먹고 나서 버린 씨가 고욤나무가 되고, 고욤나무에 접목한 나무가 감나무가 되는 과정을 볼 수 있었던 것은 어쩌면 행운이지 싶다.

친정집에는 늙은 감나무가 있었다. 할아버지가 고욤나무에 접목하신 감나무였다. 내가 나이 들어가는 것처럼 감나무도 한 해 한 해 나이를 먹었다. 한창 때는 파릇파릇한 감잎을 오지게 매달고 해마다 아기 주먹만 한 감을 선물했었다. 집에 감나무가 있으니 감의 종류에 대해서도 잘 알게 되었다. 감은 따는 시기와 보관방법에 따라 맛이 달라진다. 아삭아삭한 식감이 있는 단감도 맛있지만, 홍시는 얼려서 먹으면 훨씬 단맛이 난다. 딱딱한 감을 깎아 시렁에 널어 곶감을 만들면 겨울철 간식으로 그만한 것도 없었다.

앞마당에 있던 감나무는 나이 들면서 먹감나무가 되었다. 먹감나무에도 감은 열렸다. 다른 감과 달리 속이 검어 먹감이라 불렸고 일반 감보다 달고 맛있어 손님의 상에 올리는 귀한 과일 중 하나였다. 감나무는 사람으로 치자면 재능이 많은 인물처럼 정말 쓰임이 많은 것 같다. 젊어서는 맛있는 감을 내려주고 늙어 기운이 쇠하면 열매를 생산하지 않고 안으로 영양분을 흡수해 몸통을 단단하게 만든다. 오래된 먹감나무는 물기가 적고 단단하며 결이 부드러워 아주 훌륭한 목재로 쓰였다. 아버지는 더는 생장활동을 하지 않는 먹감나무 생장점을 톱으로 잘라내고 비바람과 눈을 맞도록 방치해 두셨다. 오랜 시간 비와 눈보라를 견디며 검고 단단한 결이 생긴 먹감나무는 장인의 손을 거쳐 장롱이 되었다. 예전부터 세력깨나 한다는 집에는 먹감나무 장이 안방을 차지했다.

　나는 남편을 만나 50여 년을 살면서 결 고운 먹감나무가 되었다. 나도 처음부터 먹감나무는 아니었다. 먹감나무가 되기까지는 시련도 많았다. 다섯 아이의 엄마로 사는 동안 힘들 때도 많았지만, 아이들이 커가는 모습을 보면서 울고 웃던 그 시절이 가장 행복했던 것 같다. 지금 생각하면 웃음이 난다. 겁도 없이 무슨 용기로 아이를 다섯이나 낳았는지. 키울 땐 고생했는데 키워놓으니 든든하다.

　단감, 물감, 침시, 홍시, 곶감처럼 내 몸에서 태어난 아이들도 개성이 각기 달랐다. 첫딸은 살림밑천이라더니 홍시처럼 대접감을 닮은 첫째는 늘 내게 큰 힘이 되어 주었다. 회사에 다니면서 대학에 다니는 세 명의 동생들을 건사해 줘서 회사를 운영하는데 도움이 되었다. 물감처럼 속이 여리고 달콤한 둘째는 청담동 며느리가 되어 씨 없는 물감처럼 귀하게 살아가고 있다. 침시용 월하처럼 속이 꽉 찬 셋째 부부는 국록을 먹으며 단단하게 앞길을 펼쳐가고 있어 마음이 놓인다. 넷째는 온 국민이 좋아하는 둥시처럼 대기업에 취직해 법조인 남편을 만나 봉사도 하고 주변을 두루 살피면서 살고 있으니 이만하면 됐다 싶다. 고명아들인 막내는 홍시와 반건시 곶감의 용도인 대봉을 닮았다. 조형물과 사진작가로서 활발하게 작품 활동을 하며 언론인과 결혼하여 동서남북으로 바쁘게 활동하니 여기서 더 바란다면 욕심이지 싶다.

환경도 다르고 풍습이 다른 가정에서 자란 남편과 만나 50년을 살아오는 동안 참 많은 일을 겪었다. 다섯 아이들이 태어나면서 기쁨과 행복을 안겨주었지만, 일을 하느라 엄마 손이 가장 필요할 때 아이들을 제대로 돌봐주지 못한 것이 못내 아쉽다. 그래도 밝고 건강하게 자기 몫을 하면서 사회에 쓰임 있게 잘 자라준 아이들을 보면 가슴이 뭉클하다.

아이들이 커가는 모습을 보면서 뿌듯해하던 내가 엊그제 같은데 벌써 일흔 중반에 섰다고 생각하니 허허롭기도 하다. 이제 더는 꽃을 피울 수도 열매를 매달수도 없는 먹감나무가 되었지만, 오 남매가 따뜻하게 사랑하며 살아가는 예쁜 모습을 오래도록 볼 수 있었으면 좋겠다.

봄과 함께 왔다 간 아이

소곤소곤 이야기 소리가 정답게 들린다. 가냘픈 아기 숨소리 같다. 아, 봄! 봄이 오는 소리다. 비취빛 파릇한 여린 싹이 흙을 들어 올리는 소리다. 봄의 전령이 땅속으로부터 오는구나. 양지바른 밭둑에는 쑥이 올라와 있고 냉이도 선을 보였다. 봄빛은 어머니의 품속같이 따스하다. 뭔가 좋은 일이 있을 것 같은 봄날이다. 병아리가 궁금하여 초롱 속을 들여다보았다.

어미 닭이 품었던 알을 부리로 콕콕 쪼는 소리와 함께 삐악삐악 병아리가 알을 깨고 나왔다. 아직은 낯선 듯 비틀거린다. 초롱 속에 부직포를 깔아 따뜻하게 해준 다음 병아리를 옮기고 좁쌀을 넣어주었다. 콕콕 좁쌀 찍는 소리가 악기 소리처럼 정답다.

갓 부화한 병아리와 어미닭이 몸을 맞대고 온기를 나눈다. 온기를 나눈다는 것처럼 다정한 말도 없을 거다. 두렵고 추울 때 누군가 온기를 나눈다면 세상은 따뜻해질 거다. 병아리들이 모여 온기를 나누는 모습을 바라보자니 작은 온기를 나눠 주었더니 한 아이가 생명력을 갖고 새롭게 변화하는 걸 경험했던 일이 생각난다.

  30년 전, 그날도 나는 건설현장에서 일을 하고 있었다. 그런데 달각달각 공깃돌 부딪히는 소리가 들렸다. 아이들은 보이지 않는데 계속해서 공깃돌 소리가 들려서 따라가 보았다. 쌓아놓은 자갈 더미에서 남루한 옷차림으로 두 아이가 공기 놀이를 하고 있는 거다. 남자아이와 여자아이인데 언뜻 봐도 남매로 보였다. 집에 두고 온 우리 아이들 생각이 나서 한참을 바라보았다. 그런데 보통의 아이들처럼 재잘재잘 말을 하지 않고 돌 부딪히는 소리만 나는 거다. 이상해서 가까이 다가가 이름은 뭐냐고 물어도 들은 척도 하지 않는다. 더 큰소리로 물었다. 그래도 대답을 안 한다. '아이들이 물어도 대답을 안 하네?' 하고 있는데 건축을 의뢰한 이가 다가와 무슨 일이냐고 묻는다. 집에 있는 막내딸과 비슷한 또래 같아서 말을 거는 중이라고 했다. 그랬더니 그가 하는 말이 옆집에 사는 아이들인데 여섯 식구 중 할아버지 한 사람만 빼고 모두 청각장애인 가족이라고 했다. 측은한 생각이 들었다. 특히 우리 막내딸과 또래로 보이는 여자 아이에게 신경이 쓰였다. 병원에 데려가 진찰이라도 해 보고 싶었다. 내게 있는 온기를 그 아이에게 나누어 주고 싶은 마음이 생겼다.

여자애의 할아버지를 만나 데려가고 싶다고 하니 거절을 하신다. 나를 믿을 수 없다고 하셨다. 심부름하는 아이로 데리고 가려나 생각하셨나 보다. 나쁜 마음으로 데려가려는 게 아니고 병원에 데리고 가서 언어치료를 해주고 싶다고 말했다. 그렇게 할아버지를 설득했고, 건축주가 보증을 서서 겨우 청주로 데려올 수 있었다. 이비인후과에 데려가 검사를 하니 세상에! 정상이라고 했다. 가족이 말을 안 하니 혀가 굳어있을 뿐이라고 한다. 내 가족의 일처럼 기뻤다. 이 아이에게 언어를 찾아줄 수 있다는 희망이 생긴 거다.

막내딸이 다니는 사직동에 있는 어린이집 원장님께 부탁을 드려 유치원에 다닐 수 있도록 허락을 받았다. 퇴근 후 집에 돌아온 남편에게 전후 사정을 이야기하였으나 말도 못 하는 아이를 데려왔다고 불편한 기색이 역력했다. 그렇게 한 달을 불편하게 보냈다. 다행스러운 것은 같은 또래인 막내딸이 아이의 선생님이 되어 말을 가르쳤다.

"엄마, 엄마 아빠, 아빠…."

한 달이 되니 세 살 정도의 아이만큼 말문이 열렸다. 아이는 출근하는 남편에게 "아~아~." 하며 인사를 하고 퇴근하고 돌아오면 제일 먼저 달려가 안겼다. 예쁜 짓을 하니 남편도 서서히 마음을 열었다.

토요일마다 우리 아이들 다섯과 그 아이를 포함한 여섯 명의 아이들을 목욕탕에 데려가 세신에게 부탁하여 목욕을 시켰다. 아이를 데려온 지 두 달 정도 되자 눈만 반짝이고 구릿빛 피부였던 아이는 조금씩 촌티를 벗고 변해갔다. 같은 원피스를 사서 막내딸과 같이 입히니 쌍둥이처럼 보였다. 딸 부잣집에서 밖에서 딸을 낳아 왔다는 소문이 동네에 돌았다. 이런 소문이 남편 귀에 들어갈까 봐 마음이 늘 조마조마 했다.

어느 날 아이의 작은 엄마가 찾아왔다. 조카딸이 잘 있나 보러 왔단다. 그 여인은 우리 집과 그리 멀지 않은 가까운 곳에 살고 있었다. 나는 그녀에게 말했다. 당신네도 애들이 있을 것이니 사촌끼리 정도 쌓고 토요일마다 데리고 가서 목욕도 시키고 일요일에 데려다 달라고 부탁했다. 그랬더니만 두 번 목욕을 시키고 데려와서는 힘들어서 못 하겠다고 시골집으로 보내라고 하는 거다.

이제 겨우 말문이 열려 재잘거리는 아이를 보내기에는 마음이 허락지 않았다. 유치원에 선납한 수업료도 연말까지라 데리고 있다. 주변 사람들의 엉뚱한 소문으로 신경이 쓰였다. 하는 수없이 초등학교 입학할 봄날에 아이를 시골로 보냈다. 밥상에 숟가락 하나 더 얹는 마음으로 막내딸과 함께 학교에 다니게 해주었으면 좋았을 텐데…. 소문으로 인하여 공직자인 남편에게 누가 될까 봐 고민하다 아이를 보내고 만 것이다. 지나고 나니 그때 내 짧은 생각이 후회된다. 그 후 수많은 봄이 오고 갔다. 지나온 여정을 뒤돌아보면서 후회하는 일이 많다.

유치원 차가 와서 주차하는 소리와 대문 여닫는 소리에 창밖으로 눈이 간다. 인ㅅ꽃들이 우르르 몰려온다.

"할머니, 저희 왔어요~."

움직이는 여섯 명 손주들이 꽃으로 내게 다가온다. 봄꽃과 인꽃이 어울려 방실거린다. 잔디가 파릇한 마당 안은 금세 생기가 넘쳐난다. 살랑대는 미풍도 좋고 아이들 가벼운 옷차림도 좋다. 세월 속에 저물어가는 나도 꽃이 되는 계절이다. 그 애는 어찌 살고 있을까. 그 애도 기억하고 있을까? 나와 여섯 살짜리 그 애와 인연이 되었던 지난날의 봄날을…. 봄은 부르지도 않았는데 어느새 마음에 가득히 머문다. 나무도 꽃을 피워 매화와 눈을 맞추니 뜰 안에는 향기로 가득하다.

봄날은 함께 걸어요

　매화가 꽃망울을 터뜨리며 향기로 유혹합니다. 햇살이 창가로 내려앉고, 푸른 잔디 사이로 꽃다지가 눈인사를 합니다. 계절이 오고 가는 흐름 속에 봄이 제일 생동감이 있습니다. 봄은 생명의 경이와 신비감을 일으키게 하는 계절입니다.
　평생 교육원에 가기 위해 현관문을 나섰습니다. 계단을 총총 내려가다가 걸음을 멈추었습니다. 학기 등록을 하지 않았던 것을 깜박 잊었습니다. 집으로 향하는 발걸음이 무겁습니다. 운동복으로 갈아입고, 가경천 둘레길을 걷습니다. 마스크를 쓴 사람들이 로봇 마냥 무표정하게 걷습니다. 천에는 청둥오리 가족이 자맥질을 합니다. 엄마 아빠를 꼭 닮은 아가 오리 세 마리가 물살을 가르며 쪼르륵 달려갑니다.
　"너희들은 역병에 걸리지 않아 다행이구나. 인간이 사는 세상에는 역병으로 몸살을 앓고 있단다. 영국발 변이 바이러스는 알파, 남아공발 바이러스는 베타, 브라질발 바이러스는 감마, 인도발 바이러스는 델타, 그리스 알파벳순으로 정해진 것 너희들은 모르지? 아는 것보다 모르는 게 더 약이 될 때가 있단다. 우리 사람들은 어디서 감염되었는지 알 수 없는 경우가 점차 늘어나고 있단다. 문손잡이 다중 이용에서, 사용하는 의자, 책상 등 교차 감염의 위험이 우려되고 있는 곳곳에서 코로나 바이러스를 포함해서 우리 몸에 큰 피해를 입히는 각종 바이러스들이 검출되고 있단다." 알아들을 것 같지도 않은 청둥오리 가족을 향해 푸념을 늘어놓았습니다.

천천히 일어나 천변 둑을 지나 길 위로 올라갑니다. '비둘기에게 먹이를 주지 맙시다' 라는 현수막이 바람에 펄럭입니다. 한편으로는 인정머리 없는 문구처럼 보여도 사실 지금이 어떤 때입니까? 세 집 건너 한 집이 오미크론으로 고생하고 있는 때인데 걱정이 될 수밖에 없습니다. 하늘로 날아오르는 비둘기 떼가 일으키는 먼지와 배설물은 숨을 쉴 수 없을 만큼 탁한 먼지와 마주하게 합니다. 털갈이로 빠진 솜털은 영산홍 가지 위에 솜처럼 앉아있습니다. 우리 서로 배려하고 양보하여 이 위중한 때를 잘 넘기는 현명함이 있어야 될 것 같습니다.

벌써 12시 가까이 되었습니다. 수필 창작 교실 수업 종료 시간이 된 것 같습니다. 어떤 수강생들이 수필 창작에 등록했을까 궁금합니다. 처음은 남의 집에 온 것 같지만, 차츰 내 집 안방에 있는 것처럼 자리가 잡힙니다. 우리의 삶은 선물이며 도전입니다. 서로를 향해 멋진 도전 응원할 때 새로운 희망이 열립니다.

오미크론이 옆에 있어도 떼어 내려고 애쓰지 말고 옆에 두고 함께 걸어보면 어떨까요. 그래야 면역력이 생기고, 지혜가 생겨 행복해지지 않을까 하는 생각이 듭니다. 얼어붙은 대지는 희망이 없을 것 같았는데, 봄을 품어 새싹을 틔워 냅니다. 부드러운 것이 강한 것을 이기고, 따뜻한 것이 찬 것을 녹입니다. 덜컹거리며 구르는 수레바퀴는 대칭으로 있을 때 비포장도로도 구르고, 아스팔트 길도 굴러갑니다. 구르는 속도가 좀 다르면 어떻습니까? 목적지에 도달하면 됩니다.

봄이 항상 짓궂은 웃음을 띠고 언젠가 하루아침에 문득 옵니다. 그래서 벙글벙글 웃고, 춤추는 아씨처럼 가만히 날아드는 봄은 우리를 은근히 밖으로 끌어 사람의 마음속에 물이 오르고 싹이 트게 합니다. 가슴속에 꽃을 피우고 시詩가 한 줄 새싹을 틔웁니다. 내 나이 푸른 시절에는 사람에 취하고, 오늘날은 자연에 취하였습니다. 칠십 줄에 맞는 새봄은 그 감상이 더욱 애틋합니다.

도화 따라 떠나는 시간여행

복숭아의 계절이다. 시외를 달리다 보면 새색시처럼 고운 도화 세상이 펼쳐진다. 복숭아 철만 되면 복숭아를 자주 식탁 위에 올려놓았다. 그날도 복숭아를 식탁 위에 올려놓고 출근했다. 그런데 첫째 딸애가 입원했다는 연락을 받고 병원에 도착하니 입술은 부어오르고 몸 전체가 알레르기가 올라와 있었다. 복숭아를 동생들과 나눠 먹고 급체해서 생긴 알레르기였다. 그 후 큰딸은 복숭아를 먹지 않는다. 큰딸이 없는 틈을 타서 다른 식구들과 복숭아를 나눠 먹으며 추억 속으로 여행을 한다.

우리 집은 1남 7녀 딸 부잣집이었다. 오빠와 언니는 공부를 하러 고향을 떠났고, 네 자매는 고향에 남아 고만고만하게 자랐다. 넓은 울안에는 감나무, 배나무, 앵두나무, 감나무가 있어 우리 자매의 간식이 되어 주었다. 울 밖에는 복숭아나무 한그루가 있었는데 복숭아가 주렁주렁 가지가 휘도록 달려있었다. 부모님께서는 아이 주먹만 한 복숭아를 '까투리 복숭아'라고 말씀하셨다. 까투리 복숭아는 천도복숭아처럼 털이 없이 반질거렸다. 털이 없으니 알레르기 걱정은 하지 않아도 되었다.

복숭아 수확철인 6월부터 우리 자매들은 누가 먼저라 할 것도 없이 간식으로 먹었다. 이른 새벽 일어나 복숭아 몇 알씩 따다가 우물에 씻어 학교에 가져가 동무들에게 나누어 주다 보면 금방 동이 났다. 받지 못한 동무들은 책가방과 내 손을 번갈아 바라보았다. 내일 가져다주겠다고 약속을 하고 책을 꺼내면 책과 공책이 젖어있었다.

생각만 해도 새콤달콤 아삭아삭 입 안 가득 침이 고인다. 지금은 개량종 복숭아가 향기로 행복을 주고 맛으로 진수를 보여준다. 성질이 따뜻하고 과육이 물러 수확할 때나 과일마트에서 구입할 때 조심하지 않으면 상품 가치가 떨어진다. 요즈음 황도와 백도기 많이 나온다. 백도는 수분이 많고 부드러워 일반 소비자들이 즐겨 찾는 품종이다. 반면 황도는 과육이 단단하여 통조림 가공용으로 쓰임새가 각기 다르다.

복숭아는 알칼리성식품으로 면역력을 높여 주기 때문에 병문안 갈 때 선물용으로 활용도가 높다. 발육이 늦은 아이나 야맹증에도 좋다고 알려져 있다. 변비를 없애고 어혈을 풀어주니 혈압 환자에게 안성맞춤이기도 하다. 복숭아는 장어와 함께 먹으면 설사를 하여 낭패를 볼 수 있으니 조심하여야 한다. 자라와도 궁합이 맞지 않는다. 가슴에 통증을 일으키니 주의하기 바란다. 종자는 한방에서 도인이라 하여 한약재로 쓰이니 버릴 것 하나 없는 귀한 과일이다.

간혹 우리 딸애처럼 알레르기 반응도 있으나 자주 먹어주는 게 좋다. 유년 시절에는 복숭아는 밤에 먹어야 예뻐진다는 속설 때문에 아무 의심 없이 먹었다. 5~60년 전만 해도 농약을 살포하지 않았으니 달콤한 복숭아에 벌레가 많았을 것이다. 자식들에게 먹이고 싶어 어른들의 지혜에서 나온 말이지 싶다. 벌레 먹은 과일 속에는 벌레가 다니는 길이 나 있다. 길이 난 부분에는 과육이 실처럼 단단해져 있었다. 복숭아를 많이 먹고 자라서 그런지 우리 자매는 덕분에 피부가 희다.

아버지께서 위암 수술을 받으시고 병원에 입원해 계셨었다. 항암치료를 받고 나면 노란 물까지 올리셨다. 면회하러 가면서 황도 통조림을 가지고 가 두 알을 드렸더니 올리지 않으시고 넘기셨다. 입맛을 돋게 한 것도 황도였고 기운을 회복시킨 것도 복숭아였다. 면역력을 높여 주는 복숭아를 왜 진즉 사 다 드리지 못했을까 아쉬움이 컸었다. 퇴원하시고 까투리 복숭아를 추억하셨다. 아버지는 소천하시고 우리는 추억을 되새김하고 추억으로 인해 다시 활력소를 얻기도 한다.

모르고 살았네요

　새싹이 움 돋는 봄이 다가오네요. 봄은 생명의 경이와 신비감을 일으키게 하는 계절이지요. 빨리 잎이 되고 싶었던 시절이 있었지요. 촉이 트기도 전에 잎을 보고 싶은 성급한 마음이었지요. 매화꽃이 피는 계절엔 향기가 되어 나비처럼 날아다니고 싶었지요. 초원의 순한 양이 되어 헐벗은 사람에게는 옷이 되어 드리고도 싶었고, 병약한 이들에겐 희망을 주는 살신성인의 삶을 살고도 싶었답니다.

　치마폭에 바람 든 봄처럼 살고 싶다고 꿈을 꾸던 시절이 있었는데, 삶은 꿈처럼 되지 않았습니다. 십 년이면 강산도 변한다는데 쫓기듯 살아온 세월 속에 산천이 일곱 번이나 변했습니다. 빨리 잎이 되고 싶었는데, 촉이 트기도 전에 잎을 보고 싶은 성급한 마음이었는데, 지금은 하루하루가 너무 빠르게 지나갑니다. 잡아두고 싶지만 그럴 수 없다면 조금 천천히라도 갔으면 좋겠는데 너무도 빠르게 지나가서 아쉽기만 합니다.

일곱 명의 손자, 손녀와 놀이를 합니다. 이 아이들에게 꿈을 키워주고 싶어요. 촉이 나오기 전 잎을 보고 싶어 했던 유년 시절 욕심이 많은 내가 아닌, 순수한 동심으로 자랐으면 좋겠습니다. 손녀 손자와 놀이를 하려 합니다. 일곱 명의 손자 손녀에게 풍선을 두 개씩 나누어 주었네요. 풍선을 불어 견출지에 이름 붙이기를 했어요. 제 이름 찾기 놀이입니다. 서로 뒤엉켜 찾으려다가 결국은 풍선 모두를 터트렸네요. 내 것이라는 집착 때문이지요. 다음은 풍선에 붙은 이름을 보고 오빠, 언니, 동생을 찾아주기 놀이입니다. 거실 가득 있는 풍선을 오빠, 언니, 동생에게 찾아주니 터지는 풍선 하나도 없이 본인들에게 돌아갔지요.

풍선 찾기는 우리가 살아가는 원리하고 같다는 것을 아이들 놀이를 통해 깨닫네요. 사람들은 행복을 찾아 헤매다가 날이 저물고 저녁노을 속에 머물고 맙니다. 행복은 너와 내가 함께할 때 있는 것을 말이지요. 다른 사람들 풍선을 찾아주듯 그들에게 행복을 나누어줄 때 나 또한 행복한 것을 말입니다. 행복을 가꾸는 것은 손이 닿는 곳에 정원을 만드는 것과 같다는 생각도 해봅니다. 그러고 보니 이것이 헤밍웨이의 법칙이었네요. 행복은 멀리 있는 것이 아니고 가까이 내 옆에 있는 사물에 관심을 갖고, 매일 살아가는 것을 공유하는 것이라고 소설가 헤밍웨이가 말했지요.

계단을 오르내리며 계단의 고마움을 모르고 살았네요. 계단은 게으른 나에게 발판이 되어 고관절 운동과 종아리 운동을 할 수 있도록 등을 주고 있었는데 말이지요. 먼지를 묻혀온 신발을 마다하지 않고 힘이 들면 쉬어가라며 곁을 내주기도 하는데 당연한 줄 알고 오르내렸네요.

내가 계단처럼 누군가에게 발판이 되었을까 생각해 봅니다. 계단을 오르면서 한 번도 '수고하네'라고 고맙다고 말한 적이 없어요. 이제 뒤돌아볼 마음의 여유가 생기니 계단이 있어 걷는 것이 편안했다는 걸 깨닫습니다. 무생물인 구조물이 생물인 인간인 나에게 불평 없이 베풀었다고 생각하니 그저 감사할 따름입니다.

오늘은 계단에게 꽃단장을 시켜주어야 겠네요. 온수를 연결하여 위에서 아래로 비로 쓸어 내려갑니다. 한 층을 하고나니 고운 모래 때문에 비질이 되지 않아 쓰레받기로 모래를 담았네요. 아래 계단은 위 계단보다 깨끗이 닦아지지 않아요.

원인이 뭘까 생각해보니 모래가 있기 때문인 것 같아요. 모래와 물이 힘을 합쳐 더러움을 닦아내니 대리석이 더 윤이 나게 닦이졌던 것 같아요. 좀 무거워도 모래알이 필요하네요. 청소하나 하는데도 함께 있어야 하네요. 빗자루가 무거워 휘청거려도 담아 버리지 않고 함께 갑니다. 그렇게 현관 앞까지 모래와 물이 어우러져 빗자루 아래서 목욕을 합니다. 하얀 벽과 깨끗한 대리석 계단이 환하게 웃는 것처럼 개운하네요.

청소하면서 또 배우네요. 그래서 평생 배운다고 하나봅니다. 함께 할 때 행복이 배가 되는 것처럼, 나도 누군가 옆에 있을 때 행복이 배가 되기를 바라네요. 강화문을 활짝 열어 계단 물기를 말립니다. 바람과 계단과 내가 공생하니 더 윤이 나고 행복한 날입니다.

보배로운 향기

들깨를 파종했다. 싹이 올라오자 친구와 함께 밭에 가서 모종을 이식했다. 그런데 가뭄으로 잎이 타들어 가고 뿌리째 말라 죽었다. 그대로 포기하고 싶지 않아서 여린 모를 다시 이식하여 물을 주어 가며 심었다. 밭에 갈 때 마다 호스를 늘어뜨려 물을 주었지만, 깨 모는 땅내를 맡지 못하고 땅바닥에 주저앉아 자랄 기미가 없다. 어디 들깨뿐이겠나. 올여름 가뭄이 유난히 심하다 보니 모든 농작물 수확은 삼분의 일로 줄 것 같다고 난리들이다. '괜히 심었나….' 지속적인 가뭄으로 손을 놓을 때쯤 비가 내렸다.

며칠 지나서 밭에 갔다. 깜짝 놀랐다. 깨밭이 몰라보게 푸르러 있는 거다. 그런대로 수확을 할 수 있을 것 같다. 이만하면 같이 수고한 친구네와 두 집이 충분히 먹을 수 있겠다. 사람이 자연을 거스를 수도 지배할 수도 없다는 것을 깨달았다.

깻잎 장은 잎이 보드라울 때 담아야 한다. 오늘 실천하려고 친구와 함께 밭으로 갔다. 필요한 잎만 남겨두고 어린잎을 따다가 흐르는 물에 씻어 채반에 건져 놓았다. 옻 간장에 들기름, 마늘, 고춧가루, 매실청, 통깨를 섞어 양념장을 만들었다. 들깻잎에 켜켜이 양념장을 발라 하루 정도 실온에 두었다. 이제 냉장고에 넣어두고 먹으면 없던 입맛도 살아날 거다.

깻잎을 나눠간 친구로부터 차 한잔하자고 연락이 왔다. 친구네 집 현관문을 열고 들어서니 고소한 기름 냄새가 코를 호강시킨다. 그녀는 깻잎으로 또 다른 먹거리를 만들고 있었다. 도토리가루에 들깻잎을 채 썰어 넣고 청양고추도 송송 썰어 넣어 전을 부치고 있다. 들깨 향과 톡 쏘는 고추 맛이 어우러져 기가 막히다. 우리의 땀과 수고의 결과라 더욱 흐뭇하다. 막걸리 몇 잔 놓고 좋은 사람들을 불러 잔치판이라도 벌이고 싶다.

들깨가 쑥쑥 자라간다. 그처럼 들깨 사이로 풀도 무성하여간다. 잡초가 너무 자라면 안 될 것 같아 자주 밭에 들러 풀을 뽑아주었다. 바람이 지날 때마다 깻잎이 일렁이며 춤을 추고, 하얗게 들깨 꽃을 피워 벌들에게 일터를 제공한다. 드디어 깨를 베는 날이 됐다. 가뭄과 홍수를 이겨낸 깻송이들이 사랑스럽다. 낫으로 밑동을 베어 이랑에 나란히 나열해 놓았다. 어릴 적에 베개를 베고 나란히 누워 자던 우리 남매들 모습을 닮았다. 이제부터는 잘 말려줄 차례다.

오늘은 들깨를 타작하는 날이다. 먼저 멍석을 펼쳐 놓고 대나무를 잘라 채를 만들었다. 나란히 배열한 깨 대를 한 움큼씩 들고 깨 대를 톡톡 두드리니 싸락눈 쏟아지듯 싸르락싸르락 쏟아진다. 한 됫박이면 어떻고 두 됫박이면 어떤가. 열악한 기후조건에 굴하지 않고 잘 여물어 준 깨알들이 그저 고맙고 대견할 뿐이다. 친구가 부서진 깻잎들을 선풍기로 날려버리고 마지막엔 키질하여 깨끗이 선별해 놓았다. 생각보다 수월찮이 수확한 깨를 둘이 나눴다. 수확한 깨 자루를 안고 집으로 돌아오는 내내 옷에서도 코에서도 마음에서도 들깨향이 가득하다. 자연에서 우러나오는 향처럼 좋은 향기가 있을까. 온갖 나무들의 가지와 잎에서 풍겨 나와 코에 배어 나오는 향기처럼 좋은 향이 있을까. 그러나 오늘 풍겨내는 들깨 향기야말로 이 가을 내 삶을 풍요롭게 해주는 보배 향이다.

제5부
___

춤 추는 카페쇼

카페들이 춤을 춘다.
아니 원두가, 커피가, 사람들이 모두 하나로 어울려 들썩들썩한다.

커피, 그 역사를 알아가는 단초

 계단을 올라오는 소리가 들린다. "사장님 커피 배달왔어요." 환한 미소가 매력적인 아래층에 사는 세입자가 커피를 들고 왔다. 늘 피곤해하는 나를 위해 묘약이라며 출근하기 전 커피를 가지고 올라오곤 했다. 심장이 약한 나는 조금씩 커피양을 늘려가며 마셨다. 피로감이 줄어들고 일상에 활력이 넘쳤다. 에너지 음료도 아닌 것이 기분을 업시켜준다는 사실이 매력적이였다. 그러다 네스카페 수프리모 커피 광고를 보게 되었다.
 커피 광고를 볼 때마다 아름다운 아프리카 여인이 나와 커피향을 맡으며 에디오피아산 원두임을 강조하곤 했다. 그 광고를 볼 때마다 왜 저 커피 회사는 자기네 커피에 에디오피아산 원두가 사용되었음을 강조할까 궁금했다. 그래서 문헌을 찾아보았다. 커피의 역사가 조금씩 눈에 들어오기 시작했다.

사람들이 커피를 언제부터 마셔왔는지 기록으로 남아있지는 않지만, 언제쯤 세상에 알려지게 되었는지가 전설처럼 내려오고 있다. 그 중 칼디의 전설, 오마르의 전설이 가장 유력한 설로 알려져 있다. 칼디의 전설은 에디오피아를 배경으로 알려졌으며, 사람들이 가장 많이 알고 있는 전설이다.

약 6세기경 카파 지역에 살고 있던 양치기 소년 칼디는 자기가 기르고 있던 염소들이 흥분하여 이리저리 뛰어다니더니 그날 밤 잠을 자지 못하는 것을 발견했다. 무슨 이유로 염소들이 갑작스럽게 흥분할까 궁금해하던 칼디는 염소들의 행동을 관찰했다. 그 결과 빨간 열매가 열린 나무에서 열매를 먹는 염소들이 흥분한다는 것을 알았다. 호기심에 빨간 열매를 먹은 칼디는 피곤함이 가시면서 활력이 솟고, 기분이 들뜨는 것을 느꼈다. 칼디는 인근의 이슬람 사원에 있는 수도승에게 이러한 효과에 대해 알렸다. 빨간 열매에 잠을 쫓는 효과가 있는 것을 확인한 수도승들은 사원에서 잠을 쫓기 위해 마시기 시작했다. 그 뒤로 커피는 여러 사원으로 퍼져나갔다.

오마르의 전설은 아라비아(현재 예멘)을 배경으로 알려진 전설이다. 예멘은 최초로 커피를 무역 판매를 시작한 나라이기도 하다. 이슬람 승려인 오마르는 역병에 걸린 영주의 딸을 살려주었다. 그러나 공주와 사랑에 빠졌다는 소문에 돌기 시작했고, 이를 듣고 화가 난 영주는 오우삽 지역으로 오마르를 추방했다. 추방당한 오마르는 배고픔에 산속을 이리저리 헤매고 다니다가 새 한 마리가 빨간 열매를 쪼아먹는 모습을 보고 그 열매를 먹었다. 이 열매를 먹은 오마르는 피로가 풀리고, 심신에 활력이 되살아난다는 것을 알게 되었다. 이후 오마르는 빨간 열매를 이용하여 많은 환자들을 구제했다. 이를 인정받은 오마르는 성자로 존경받게 되었다. 여기서 빨간 열매가 바로 커피 열매인 것이다.

  구전으로는 처음으로 커피가 에디오피아에서 발견되었다고도 하기도 하고, 아라비아에서 발견되었다고도 한다. 그러나 역사적 근거로 따지면, 먼저 커피나무는 에디오피아에서 야생 상태로 자라고 있었고, 음료보다는 곡류나 두류와 같이 분쇄해 식량으로 사용되었다고 한다. 그러다 에디오피아가 아라비아를 침공할 때 커피 열매가 아라비아로 유출되었다. 커피 열매를 이용하여 커피나무는 아라비아에서 대량으로 재배되기 시작했다. 이후 11세기 초 아라비아의 의학자들이 커피가 위장 수축을 부드럽게 해주고, 각성제로 좋은 약이라 하여 약처럼 다려먹기 시작하였다. 커피는 하나의 기호 음료로 전환되었으며, 페르시아와 아라비아 전역에서 애음하는 음료가 되었다.

  커피 광고를 보며 왜 에디오피아산 원두를 강조를 하는 걸까? 라는 작은 의문에서 커피를 소소하게 즐기는 취미가 시작되었다. 그리고 커피의 맛을 즐기게 되면서 소소한 취미가 아닌 다른 사람에게도 커피의 맛을 알리고 싶어 n.88 바리스타 학원과 카페를 준비하게 되었다.

커피는 다 같은 맛일까

　커피는 일반적으로 쓴 맛이라고 말하는 사람들이 많다. 하지만 생두의 품종에 따라 생산되는 나라마다 다른 기후와 땅 힘에 따라 달라진다. 커피의 품종은 크게 아라비카, 로부스타, 리베리카로 구분되고 있으나, 상업적인 목적으로 아라비카 품종과 로부스타 품종이 주로 재배되고 있다. 세계 커피 생산량의 70%는 아라비카 품종이 차지하고, 나머지 30%는 로부스타 품종이 차지한다.
　아라비카 품종은 흔히 원두 커피에 사용된다. 인스턴트 커피의 원료로 사용되는 로부스타 품종보다 2배 이상 비싸며, 에티오피아가 원산지다. 아라비카 품종은 브라질, 콜롬비아, 코스타리카, 아프리카 지역에서 주로 재배된다. 아라비카 품종은 다 자란 크기가 3~5m이고 해발 500~1천 500m의 고지대에서 재배된다. 아라비카 품종은 신맛과 향기가 풍부하며, 로부스타 품종에 비해 카페인 함유량이 50% 정도 적다.

로부스타 품종은 인스턴트 커피로 많이 사용된다. 그리고 로부스타 품종은 쓴 맛이 강하고, 향기가 아라비카 품종에 비해 떨어지지만, 가격이 저렴하다. 로부스타 품종은 인도, 아프리카, 인도네시아, 브라질, 베트남에서 많이 재배되고 있다. 특히 베트남에서 재배되는 로부스타 품종은 인스턴트 커피를 사랑하는 우리 나라에 가장 많이 수입된다.

에티오피아에서 생산된 커피는 향이 풍부하고, 과일의 맛을 갖고 있다. 특히 자스민이나, 아카시아 같은 달콤한 꽃향기와 상큼 발랄한 오렌지, 라임, 포도, 자두같은 과일 맛, 그리고 가끔은 군고구마와 같은 맛을 느낄 수 있다.

세계에서 재배되는 커피 생두 총 생산량 30%을 차지하는 브라질에서 생산된 커피는 견과류의 향과 맛을 갖고 있다. 딱히 튀는 맛이나 향을 갖고 있지 않아 블렌딩을 할 때 베이스로 많이 사용되고 있다.

콜롬비아에서 생산되는 커피는 마일드 커피의 대명사로 알려져 있다. 콜롬비아의 안데스 산맥은 비옥한 토양과 풍부한 물, 태양, 고원지대의 기후, 큰 일교차 등 커피 재배에 최적의 조건을 가지고 있어 커피 열매의 맛과 향이 진하고 풍부하다.

다음으로 세계 3대 커피로 많이 알려진 자메이카 블루마운틴, 예멘 모카, 하와이안 코나도 있다. 영국 여왕이 즐겨 마셨으며,

영국 황실의 커피로 지정되며 유명해진 자메이카 블루마운틴은 향이 풍부하고 약간의 산미를 갖고 있다. 처음 커피를 무역하기 시작했던 예멘의 모카항의 이름을 딴 예멘 모카는 달콤 쌉싸름한 초콜릿 맛이 나는 것이 특징이다. 하와이 빅 아일랜드의 서부 지역 코나에서 생산되는 하와이안 코나는 단맛이 좋고 산뜻한 산미가 조화로운 커피이다.

최근에는 다양한 건조 가공 방법을 통해 커피 본연의 맛뿐만 아니라 과일 맛과 향이 나는 커피들이 나오고 있다. 바나나 향이 나는 커피, 복숭아, 리치와 같은 향이 나는 커피, 딸기 요거트 맛과 향이 나는 커피, 피나콜라다와 같은 음료수 맛과 향이 나는 커피 등이 대표적이다.

커피의 산지에 따라 변화하는 맛뿐만 아니라 건조 가공 방법을 통해 표현되는 커피를 마시면서 '커피의 맛은 쓴맛'이라는 틀을 요즘 깨고 있다. 향이 풍부하고, 과일 맛이 나기도 하고, 재스민이나 아카시아 꽃처럼 달콤한 꽃향기가 나기도 한다.

우울한 날에는 달콤하고 꽃향기가 나는 커피로, 에너지가 필요한 날에는 과일 맛과 향이 나는 커피로, 위로가 필요한 도반에게는 군고구마 맛이 나는 커피로, N88 카페 개업하는 날이 기다려진다. 커피의 향기와 맛을 닮은 삶을 살면서, 모든 사람에게 위로와 행복과 희망이 시작되는 공간이 되기를 기도한다.

스페셜 커피란

얼마 전에 태국 생두 농장에 방문할 수 있는 기회가 생겼다. '태국에 커피나무가 자란다니…. 흔히 말하는 로부스타 종만 있겠지?', '태국 카페 문화는 어떤 문화일까?' 이런저런 생각을 하며 태국에 도착하였다.

도착해서 처음 맛본 태국 음식들은 기본적으로 새콤, 매콤 그리고 짜게 느껴졌다. 또한 생각지도 않았던 과일들과 다양한 향신료들을 음식 재료로 이용하는 것도 신기했다. '한국에서 먹었던 태국 음식은 많이 한국화된 것이구나….'라는 생각도 들었다.

다음날 태국 생두 농장을 방문했다. 이곳은 국가에서 관리하는 곳으로, 일반인들은 들어갈 수 없는 곳이라고 했다. 커피 관련 종사자들의 도움으로 한국인들이 최초로 방문한 것이라고 했다. 방문한 농장은 세계 각국에서 자라는 아라비카종 커피나무들을 가져다 관찰하고, 교배 등을 통해 태국에서 재배될 수 있게 하거나, 질 좋은 품종으로 개량하는 등 다양하게 연구하는 곳이라고 했다.

농장에서는 커피나무를 나라별로, 종별로 재배하고 있었다. 가장 큰 생두로 알려진 리베리카 커피나무를 처음 봤지만, 리베리카처럼 큰 생두를 갖는 엑셀사 커피나무가 있다는 것도 알았다. 여러 종류의 커피나무들과 병에 걸린 커피나무들을 구분하는 방법에 대하여 배웠다. 온실처럼 인공적인 방법이 아니라 자연 그대로를 이용하여 커피나무를 재배하고 있었다. 이러한 방법으로 관리되고 있는 커피나무들은 태국의 자연환경에 적응하고, 자연스러운 교배를 통해 토착화되어가고 있었다.

태국 생두 농장 방문 후, 태국 카페쇼에 참가하게 되었다. 태국 카페쇼도 한국에서 진행되는 카페쇼처럼 많은 커피 관련 업체들이 참석하고 있었다. 특히 화려한 원색들을 이용한 디자인 패키지들이 눈에 띄었고, 부스들 또한 화려하게 꾸며져 있었다. 그리고 C.O.E(Cup of Excellence)와 관련된 세미나에 참석하였다. 여기서 C.O.E(Cup of Excellence)는 각국의 커피 농장에서 출품한 우수한 커피를 5차례 이상의 엄격한 심사를 거쳐 해당국의 그 해 최고 커피로 인정하는 명칭이다.

C.O.E 세미나에는 커피 관련 일을 하고 있는 사람들뿐만 아니라, 커피나무를 재배하고 있는 생두 농장 농장주들도 참석하였다. C.O.E 심사가 어떠한 방식으로 진행되는지 설명하고, C.O.E

순위에 들은 커피들을 시음해보기도 했다. 세미나가 끝나갈 때쯤 한 생두 농장 농장주가 손을 들고 "내가 키운 생두도 스페셜티 커피가 될 수 있습니까?"하고 물었다.

 농장주의 질문을 들은 나는 이런 생각이 들었다. 과연 스페셜티 커피란 무엇일까? 비싸고, 아주 신 맛의 커피, 커피 매니아들만 즐기는 커피만이 스페셜티 커피가 아니라 농장주가 곱게 키워 잘 익은 커피 체리들을 하나하나 수확해서 공을 들여 건조하고 밖으로 내보낸 생두들로 볶은 커피가 스페셜티 커피가 아닐까? 커피나무를 생산하고 있는 농장주들의 노력을 생각하면 스페셜티 커피를 마냥 비싸고 신 커피로 치부하는 것은 슬픈 일인 것 같다.

 태국은 생두를 국가 차원에서 관리하며, 커피 문화를 장려하고 있었다. 태국 생두 농장주들도 어떻게 하면 커피나무들을 잘 키워 좋은 품질의 생두들을 생산할 수 있을지 고민하고 있었다. 태국뿐만 아니라 커피나무를 키우고 있는 나라들은 이러한 고민들을 하고 있다. 그리고 이러한 고민들을 통해 좀 더 맛있는 스페셜티 커피가 생산되고 있는 것 같다. 지금 준비하고 있는 공간인 N88 카페에서 스페셜티 커피에서 나는 향과 맛을 즐기며 행복함을 느꼈으면 좋겠다.

춤추는 카페쇼

　11월 23일부터 26일까지 커피를 좋아하는 사람들의 최대 축제인 카페쇼가 서울 코엑스에서 열렸다. 카페 오픈을 앞두고 있어서 관심이 크다. 마지막으로 판매할 메뉴들을 점검하고, 현재 커피 트렌드와 새로 나온 디저트, 음료들을 보기 위해 아침 일찍부터 서울로 올라갔다. 사람들이 많을 것 같아 평일 오전에 갔는데 나와 같이 생각하는 사람들이 많았는지 코엑스에 들어가는 입구부터 차가 밀렸다.

　카페들이 춤을 춘다. 아니 원두가, 커피가, 사람들이 모두 하나로 어울려 들썩들썩한다. 코로나로 인해 카페쇼가 몇 년간 축소되어서 열렸었는데 올해는 코엑스 A홀부터 E홀까지 거대한 크기로 열렸다. 어찌 사람이 많이 몰려왔는지 대단한 규모다. 세계 각국의 커피 관련 유명 인사들이 초청되어 커피와 관련된 다양한

세미나들도 많이 열렸고, 국제 커피 협회인 SCA에서는 파운데이션 수료증을 받을 수 있는 수업도 열었다.

각 홀별로 커피 머신들을 판매하는 업체들, 디저트, 음료 관련 시럽, 차들을 판매하는 업체들이 자리를 잡고 있었다. 각종 부자재를 판매하는 업체들끼리 구분되어 시연과 시음이 이루어졌으며, 업체별 샘플들이 판매되었다. 오랜만에 생두를 재배하는 각국의 생두 판매업자들도 자신들이 판매하는 생두들을 전시하여 판매하였다.

한국에서 유명한 각 지역의 원두를 직접 볶고 갈아 만드는 로스터리 카페들에 관심이 갔다. E홀의 경우는 몇 시간씩 줄을 서서 들어갈 정도로 많은 사람들이 관심을 보였다. 유튜브, SNS에서만 만날 수 있었던 로스터리 카페까지 직접 가지 않고도 원두를 살 수 있어서 더 많은 관심을 받은 거 같다. 더구나 올해 세계 바리스타 대회에 출전했던 '신창호' 바리스타는 세계 대회에서 시연히 메뉴들을 똑같이 시연하여 손님들에게 제공하였다.

바리스타 선수들이 세계 대회에서 사용하는 원두들은 대회를 위해 특별히 재배되는 생두들로 로스팅된 것이기 때문에 그 양이 적은 편이다. 그래서 세계 대회가 끝나면 대회용 원두들은 다 소진되거나, 극히 적은 양만 남아있는 경우가 많다. 그래서 비슷한 맛을 내는 원두를 찾지 못하면, 대회에서 시연한 메뉴들을 맛보기가 어렵다. 세계 대회 시연 메뉴를 카페쇼에서 맛볼 수 있어서

매력적이었다.

　각 전시 홀들을 관람하면서 커피를 좋아하는 사람들이 많고, 관심들도 많아졌구나 하는 생각이 들었다. 그리고 취미를 넘어 집에서 나만의 카페를 차리는 사람들이 많아져서인지, 커피를 추출하는 에스프레소 머신과 집에서 로스팅을 할 수 있는 소형 로스팅기들도 많이 나와 있었다. 자세히 보고 싶었지만, 주어진 시간이 한정되어 있어 아쉬웠다.

　카페쇼에 참가한 지인들도 만났다. 많은 사람들을 상대해서 그런지 지인들의 눈가에 피곤함이 가득했다. 많이 피곤해 보인다고 했더니 좋은 원두를 알리고, 커피를 사랑하는 사람들을 만나 대화를 한다는 것에 피곤함을 모르겠다고 했다. 그리고는 얼른 카페를 오픈해서 자신들을 초대해달라고 했다. 그래서 다양한 커피들을 청주에도 알려주고 싶다고 했다.

　지인들이 커피를 사랑하고, 다양한 맛들을 즐길 수 있는 사람들이 많아졌는데, 청주에는 그걸 즐길 수 있는 공간이 한정되어 있다고 이야기했다. 그 이야기를 들으면서 우리 카페가 청주에서 다양한 커피 맛들을 즐길 수 있는 공간이 되면 좋겠다는 생각이 들었다. 그리고 한 번 더 '우리 카페가 나아갈 방향이 바로 이 방향이었지….' 라는 생각도 들었다.

　두 손 가득 원두들과 음료 관련 물품들을 들고 청주로 향했다. 밥을 먹는 것도 까먹고 아침부터 부지런히 움직였다고 생각했는데 관람 시간이 부족해서 아쉬웠다. 시간이 더 있으면, 다양한 음료 레시피도 알아보고, 요즘 유행하는 디저트가 무엇인지 알아봤을 텐데….

이제 N88 카페와 바리스타 학원을 오픈했다. 편안하고 따뜻한 분위기가 될 수 있도록 열심히 준비했다. "거기에 가면 맛있고, 다양한 커피를 마실 수 있어."라는 말을 들을 수 있도록 열심히 커피를 내려야겠다.

봄은 희망이다

　농막에 나의 하루를 들여놓았다. 미선나무꽃이 피어 향기가 진동을 한다. 거실문을 활짝 열어 꽃향기를 가득 담았다. 그 뒤를 이어 햇살이 들어온다. 거실이 환해졌다. 3개월 만에 들렀더니 농막 세간들이 게으른 나를 향해 수군거리는 듯하다.
　농막을 설계할 때 유년에 방을 옮겨놓은 듯한 격자문이 있는 방을 설계했다. 문 바른 문종이 위에 진달래 개나리꽃을 그려볼까 하는 생각을 잠시 했지만, 붓을 놓은 지 오래되어 문종이만 버려놓으면 일손만 늘이는 게 될 것 같아 조심스럽다. 소녀가 방문에 먹으로 나무와 줄기를 그리고 솔가지에 잉크를 묻혀 툭툭 뿌려 잎을 그리던 먹물 묻은 작은 손을 가진 소녀가 옆에 와 있다. 먼 여행을 하고 온 듯하다.
　농막은 북쪽으로 있는 욕실의 작은 창문을 빼고는 사방이 넓은 창문으로 지어진 집이다. 눈이 오는 날에 서쪽을 바라보면 노적봉에는 백설기를 쪄 놓은 듯하다. 부자가 된 듯하여 동네 분들과 나눠 먹고 싶다는 생각을 하게 된다.

동쪽 창문을 열게 되면 소나무와 편백나무숲에서 피톤치드 냄새가 바람에 업혀 와 머리를 맑게 해 준다.

북쪽으로는 교원대학교가 있으니 많을 다에 기뻐할 락, 많은 인재가 있는 고을인 다락리에 농막이 있으니 이 또한 기쁘지 아니한가.

남쪽으로는 산업단지 조성이 한창이다. 새로운 소식이 들렸다. 셋째 필지 부분부터 4차선이 난다고 한다. 좋아해야 할지 걱정해야 하는지 판단이 서지 않는다.

나는 자연의 변화를 좋아한다. 농막이 가끔 우리 부부의 쉬는 공간이 되어 꿈을 꾸기도 하고 새로운 도전을 구상하기도 한다. 아직은 나에게 주어진 달란트가 남은 듯하다. 서울에 있는 사업장은 아들에게 물려줘도 잘 이끌어갈 것 같은 믿음이 있다.

막내아들까지 독립시켰으니, 이제 작은 사업에 도전해보고 싶다. 며칠 있으면 내가 태어난 날이다. 가족이 모두 모이면 내가 구상하고 있는 사업을 상의해 보려고 한다. 한 명이라도 응원한다면 계획대로 진행해보려 한다. 오늘 산업단지를 바라보다 아이디어가 반짝 떠 올랐다. 오늘이 가장 젊은 날이라 하지 않던가? 나는 오늘부터 50살이라 최면을 걸어봐야지. 청년기를 지나 중년기이나 한창 일할 나이 아닌가. 늦은 나이에 용기가 대단하다고 모두가 부러워하는 삶이 되지 않을까?

봄은 여린 싹을 반기고 여린 싹은 봄 햇볕으로 자란다. 봄은 햇볕이 따뜻한 날씨가 이어지는가 싶다가도 꽃샘추위로 꽃눈을 오므리게도 한다. 무지갯빛으로 피어난 봄꽃을 맑은 눈으로 바라보다가 깜짝 놀란다. 꽃이 피는가 싶으면 꽃잔치가 끝난다.

봄에 태어난 나는 결혼하면서 새로운 도전으로 꽃도 피고 열매도 맺어 늦가을쯤 성공적으로 마무리했다. 이제 겨울 초입에 들어선 나이이지만 나는 다시 용기를 내어 25년을 돌려 중년기로, 새로운 촉을 틔우고 꽃을 피워 튼실한 열매 맺고 성공하는 모습으로, 우리 가족에게는 도전하는 엄마의 모습이 참 멋있었다고 내가 떠난 후 이야깃거리를 남겨주고 싶다. 나와 교류하던 친구나 문우 모두에게는 그냥 지나치는 법 없이 보듬었던 문우로 함께해서 힘이 되었던, 오지랖이었다는 칭찬을 듣고 싶다.

청소년기에는 희망의 봄, 중년기에는 행복한 봄, 노년기에는 다시 도전할 수 있는 희망의 봄과 설레는 봄을 가슴에 담아 싹을 틔운다.

영덕게

세월의 흐름을 요즘처럼 실감 나게 느껴본 적이 있었던가. 벌써 강산이 다섯 번이나 바뀌고 내 나이도 일흔 중반에 들었다.
그날 일을 생각하면 아직도 어이없지만, 남편이 참 순수했다는 생각이 든다. 결혼 후에 다니던 직장에 사표를 냈다. 남편이 출근하고 나면 심드렁한 마음으로 뉴스를 보거나 친정집에 다녀오는 게 일과였다.

어느 일요일 아침 남편이 영덕게를 먹고 오자고 했다. 전날도 아무 말 없던 무심한 남편이 툭 던진 한마디에 내 가슴은 온통 분홍빛으로 물이 들었다.
우리는 점심 무렵 강구항에 도착했다. 한창 사람이 많아야 할 점심시간이지만, 가게들은 한가했고 수족관에는 영덕 대게가 몇 마리씩밖에 없었다.

　남편은 첫 번째 대개 집에 들어갔다가 금세 나왔다. 그런데 두 번째 들어간 집에서도 고개를 숙이고 나왔다. 빼꼼히 들여다보니 빈자리가 많은데 남편이 왜 다시 나오는지 의아했다. 그날 우리는 영덕게 비슷한 맛도 못 보고 차에 올랐다. 집에 돌아오는 차 안에서도 침묵만 흘렀다.

　그 후로 오랜 세월이 흘렀다. 밖에는 봄을 재촉하는 보슬비가 내리는데 일찍 일어난 남편이 외출채비를 하고 나를 서둘러 깨웠다. 남편은 우리 영덕에 가자. 당신이 좋아하는 바다도 보고 고래고기도 사줄 거라고 하면서 들떠있었다.
　고래고기를 사준다는 남편의 말에 나는 '고래고기는 통영에 있는데 무슨 고래고기!'라는 말이 입 밖으로 터져 나올 뻔했다. 순간, 영덕게 때문에 속상했던 묵은 부아가 슬그머니 고개를 들었지만, 못 이기는 척 남편을 따라나섰다.
　차가 영덕 대게 마을로 들어가니, 멀리서 배 한 척이 항구로 들어왔다. 도착한 배 가까이 다가가서 보니 대게가 있었다. 싱싱한 게를 보니 아이들 생각이 났다. 나는 게 한 상자를 사서 얼음을 채워 달라고 하니 쪄서 주겠다고 했다. 편의를 보아주겠다는 선장님의 친절에 감사했다.
　선장댁에 도착하니 커다란 수족관이 있고 후덕하게 보이는 선장의 어머니가 있었다. 선장의 어머니는 큰 대야에 게를 쏟아붓고 수돗물을 가득 채웠다. 선장은 대게를 맛있게 쪄 놓을 테니 그동안 바다 구경을 하고 오라고 했다. 우리 부부는 들어오는 배도 구경하고 건가자미를 한 박스 사서 트렁크에 실었다.

  남편하고 영덕 수산시장 맛집에서 점심을 먹는데 갑자기 못 먹고 간 영덕게 생각이 불현듯 떠올랐다. 세월이 많이 흘렀지만, 나는 남편한테 신혼 초에 영덕으로 여행 왔을 때 왜 게를 먹지 않고 집으로 돌아왔는지 지금까지도 모르겠다고 했다. 내 말을 들으며 잠시 말이 없던 남편이 '그때는 정말 미안했어. 우리 둘이 먹을 영덕게 값이 내 월급의 두 달 치는 되는데 먹을 수가 있어야지.'라고 했다. 그 당시는 영덕게는 전량 일본으로 수출하던 때였다. 다리가 떨어졌거나 작은 크기의 상품 가치가 떨어지는 것도 값이 비쌌다. 지금처럼 카드도 없었고 주머니에 현금으로는 먹을 수가 없었단다. 당시는 자존심 때문에 말할 수가 없었다면서 이야기하는 남편을 바라보니 짠한 생각이 들었다. 그때 이야기만 했어도 오해가 없었을 텐데, 신혼 초라 소통하는 법이 부족했다. 남편을 쳐다보니 마음이 시려져서 나도 내가 밴댕이 소갈머리라 미안했다고 했다. 남편은 앞으로 몇 년이나 더 운전할 수 있을지 모르겠지만, 건강이 허락하는 날까지 맛집을 찾아 맛있는 거 많이 먹자고 하는데 묵었던 마음이 눈 녹듯 녹았다.

집에 와서 선장 어머니가 쪄준 대게 박스에 붙인 테이프를 뜯으니 아직도 뜨거운 열기가 났다. 첫째와 셋째 보낼 것으로 단단한 것을 담다 보니 다리가 없는 것도 있고 다리가 부러진 지 오래되어 검은 딱지처럼 보이는 것도 있다. 눌러보니 흐물거리는 것도 있었다. 생각해보니 우리가 바다를 둘러보는 사이 오래된 게와 바꿔서 쪄준 것이 확실하다. 배에서 내리던 게는 살이 꽉 차서 눌러보았을 때 단단했었기 때문이다. 예전에 횟집에 가서 회를 뜰 때 직접 회를 뜨는 것을 눈으로 확인하고 회를 들고 들어오는 친구에게 내가 의심이 많다고 타박을 했던 적이 있었는데, 오늘 나는 두 눈을 뜨고 후덕해 보이는 선장 어머니한테 속았다는 생각이 드니 마음이 불편했다. 하지만 이제껏 남편을 오해하고 살았는데 영덕게 때문에 그에 마음을 알게 된 것만 해도 크나큰 수확이라고 생각했다. 다리가 부러진 것과 속이 빈 것은 우리가 먹고 딸들에게 줄 것은 속이 꽉 찬 대게로 골라 담으며 다시 영덕게를 먹으러 가게 되면 친구처럼 그 자리에 서서 게 찌는 것을 지켜보리라 마음먹는다.

저승길 밝히는 꽃등

외손녀가 다니러 왔다.

꽃무늬 원피스를 입고 나풀거리며 걸어오는 모습이 영락없는 어릴 적 내 모습이다. 손녀의 앙증맞은 손톱에 든 꽃물이 곱다. 내 시선이 손톱에 머무는 것을 눈치챘는지 외손녀는 나한테 봉숭아 꽃물을 들여주겠다고 20분만 올려놓으면 된다고 했다.

굿노래를 부르는 손녀의 손을 잡고 다이소에 갔다. 없는 게 없을 만큼 물건으로 꽉 들어찬 다이소에서 손녀는 능숙하게 봉숭아 꽃가루를 찾아낸다. 한두 번 사본 것이 아닌 것처럼 손녀는 이곳저곳을 살피며 봉숭아 꽃물, 알코올, 네일 전용 미니 화장 솜, 유리알 광택 탑코트를 골랐다. 우리는 다정히 손잡고 집으로 왔다.

봉숭아 꽃물을 들이기도 전에 가슴이 설레는 것은 유년 시절의 그리운 기억 때문일 것이다.

사 온 꽃가루에 물을 부어 되직하게 반죽을 했다. 오른손과 왼손을 책상 위에 올려놓으니, 손녀 둘이서 야무지게 손톱 위에 꽃물을 올려준다. 정말 20분 만에 꽃물이 들까? 아무리 스피드 시대라지만, 20분 만에 손톱에 꽃물이 든다는 것이 의심스럽다. 내가 어릴 때는 봉숭아 꽃물을 들이는 일도 번거로웠다. 손톱 위에 백반을 넣고 찧은 봉숭아 꽃잎을 올려 아주까리 잎으로 감고 실로 묶어 밤을 지내고 아침이 되어서야 예쁘게 물이 들었기 때문이다.

20분이 지나자 손녀가 물티슈로 내 손톱을 닦아내었다. 볼록볼록한 내 손톱 위에 반짝 해가 떴다. 신기했다. 유년 시절부터 청년기까지 꽃물을 들였어도 이렇게 간단하기는 처음이다. 색깔도 제법 예쁘다. 기쁨으로 가슴이 설렌다.

손녀가 들여준 봉숭아 꽃물이 나를 친정집으로 이끈다. 해마다 여름이면 할머니와 어머니 그리고 우리 칠 공주까지 손톱에 꽃물을 들였다. 꽃잎을 싸맬 아주까리 잎을 따서 명주 천처럼 부드러울 정도로 시들시들하게 말렸다. 홍색, 백색, 자색의 봉숭아 꽃을 따서 백반과 소금을 넣어 절구에 찧어 준비해 두었다가 저녁상을 물리면 할머니부터 차례로 손톱에 꽃물을 올려놓았다. 부드러워진 아주까리 잎으로 손가락을 동여매고 실로 묶고 잠자리에 들었다.

다음 날 아침에 일어나면 진풍경이 벌어졌다. 잠버릇이 고약한 언니의 손가락에서 아주까리 잎이 찢어져 하얀 광목 이불에 꽃물이 들었다. 둘째 언니는 손가락 중간까지 꽃물이 들기도 했고 어린 동생 손톱은 새색시처럼 곱게 꽃물이 들었다. 할머니의 손톱은 우리보다 꽃물이 더 진하게 들었다. 볼록한 내 손톱도 꽃을 닮은 듯했다.

손톱이 자라면서 자꾸 깎아내다 보면 꽃물이 반달처럼 예쁘게 남는다. 그때는 첫눈이 내릴 때까지 손톱에 봉숭아 꽃물이 남아있으면 첫사랑을 만나게 된다는 속설이 있었다. 그래서 우리는 할머니가 꽃물을 들이는 게 이해가 되지 않았다. 어느 날 나는 '할머니는 왜 봉숭아 꽃물을 들여요?'하고 물었다. 할머니의 눈은 웃고 있었지만, 슬픈 기색이 역력했다.

'이승에 삶을 마치고 저승으로 가는 길을 밝히기 위해 준비하는 것이란다. 저승으로 가는 길은 아주 좁고 어두운 길을 통과해야 하는데, 등불이 없으면 저승으로 들어가는 것이 힘들단다. 그러니 미리 꽃등을 준비해 두는 것이지.'라고 했다.

할머니 주름진 손가락 마디 끝에 있는 손톱에는 붉은색 꽃물이 노을빛처럼 아름다웠다. 할머니는 아흔아홉 살에 삼 일을 편찮으시고 꽃가마를 타고 먼 길을 떠나셨다. 운명하신 할머니 손톱에는 붉은 꽃물이 등을 밝히고 있었다. 할머니가 떠나신 게 엊그제 같은데 벌써 60년이 지났다.

가만히 열 손톱에 든 봉숭아 꽃물을 들여다본다. 한해 한해 살아갈 날이 줄어드니 할머니 말씀이 많이 생각난다. 봉숭아 꽃물이 저승 가는 길을 밝혀준다면야 일 년 내내 손톱에 봉숭아 꽃물로 등불을 준비하고 싶다. 저승길을 밝히고 가려는 마음조차 욕심일 수도 있겠으나 이왕이면 예쁜 봉숭아꽃 등불이면 아주 행복할 것 같다.

제6부

안식을 준비하다

꽃길을 걸으며 휴식 같은 시간을 보냈다.
찌든 때를 향기로 씻어내고 가슴을 열어 향기로 채웠다.
이제 욕심을 내려놓고 가벼운 삶이 주는 느긋한 마음으로
서로를 위로하며 행복이란 팝콘을 튀겨 나누려 한다.

긴긴 겨울 어이 날꼬

　장구봉에 올라 벤치에 앉았다. 푸른 하늘을 올려다보다 거미집에 눈길이 머문다. 가로등과 소나무를 지주대 삼아 정교하게도 집을 지었다. 자세히 보니 그물처럼 생긴 거미줄 덫에 걸려든 불쌍한 놈들이 있다. 간밤에 밝은 불빛 따라 날아다니다 거미집을 침범하여 탈출을 못해 거미 곳간의 양식이 된 것이다. 거미집은 먹이 곳간이면서 잠자는 공간이기도 하다. 거미는 다리가 네 쌍이며 더듬이가 없다. 거미의 크기는 1mm의 작은 것에서부터 5cm나 되는 남아메리카 산 새 먹이 거미까지 크기가 다양하다. 그러나 5~15mm가 대부분이다.
　거미는 홑눈은 있으나 곁눈은 없다. 사람으로 비유하면 장애인이나 매한가지인데, 먹고 사는 방법을 잘도 터득했으니 나름 지혜가 탁월하다. 사람은 땀 흘리며 허리가 휘도록 노력하고 일해야 식솔들을 먹여 살릴 수 있다. 그런데 거미는 함정을 마련하여 가만히 지켜보다 곳간을 채운다. 수고하지 않고 먹이를 얻을 수 있고, 굶지 않고 살아갈 수 있는 명석함이 있으니 신기할 뿐이다. 사람이나 곤충이나 자리를 잘 잡아 집을 지어야 한다. 자연의 이치에 맞는 길지에 집을 짓고 사는 사람은 안락한 생활을 영위하며 건강하고 풍족하다. 그러나 자연을 거슬러 집을 짓고 사는 사람은 병약하여 빈곤한 생활을 한다.

장구봉 가로등을 의지하며 집을 짓고 살아가는 거미는 집터를 잘 잡은 걸까? 찬 서리 내리는 장구봉에서 은빛으로 빛나는 아름다운 거미줄을 치고 둥지를 튼 거미야, 춥고도 긴긴 겨울을 어이 나려 하느냐. 비바람을 피할 수 있는 안전한 곳에 집을 지었다면, 좋은 터에 집을 짓고 사는 사람들처럼 포근하고 안락하게 살아갈수 있을 것인데 말이다. 거미의 겨울나기가 걱정 된다. 여름 내내 시원한 바람과 청솔 향을 맡으며 많은 곤충들을 집으로 유인하며 잘 먹고 사니 지금이야 좋겠다만 겨울나기가 만만치 않을 것 같다.

무엇보다 거미의 집짓는 솜씨만큼은 대단하다. 건축업을 하는 나로서는 신기하기가 그지없다. 사람이 집을 짓고자 하면 많은 물자와 시간이 필요하다. 재료만 해도 1만여 가지다. 이 재료들로 설계도면에 따라 짓는데, 여러 명의 피와 땀이 있어야 완공된다. 그런데 거미는 어떤가. 재료라야 항문 아래 돌기에서 나오는 진액이 전부다. 몸속 진액을 뽑아내어 혼자서 아주 정교한 집을 짓는다. 배 속으로부터 나오는 끈끈한 물질을 항문 안 돌기로 보내 한 치의 오차도 없이 견고하고 정밀한 집을 짓는다.

그래서인지 사람들은 거미의 지혜에 대해 여러 이야기를 만들어낸다. 그 중 이런 이야기가 있다. 큰 벌 한 마리가 거미줄에 걸렸다. 벌과 거미의 한판 싸움이 벌어질 수밖에 없게 된 것이다. 먼저 거미가 날쌔게 벌을 감았다. 벌이 독침으로 거미를 쏘았다. 그러자 거미가 땅으로 떨어졌는데 벌침에 쏘인 부분이 커다랗게 부어올랐다. 거미는 뒤뚱거리며 풀밭으로 기어가 토란 뿌리를 씹어서 그 즙으로 쏘인 자리를 자꾸 문질렀다. 그리고는 죽은 듯이 얼마 동안 있으니 그 부은 자리가 씻은 듯이 나았다. 그리고 잠시 뒤 다시 일어나 어디론가 기어갔다는 이야기다. 우리가 어릴 적에 벌에 쏘이면 토란 즙을 내서 바르면 곧 낫는다고 하신 어른들 말씀이 이런 이야기를 토대로 했던 것 같다. 사람에게 이야기 거리를 제공하는 거미에게 또 한 번 놀란다.

아름다운 어느 봄날

봄이 무르익었다. 꽃봉오리들은 향기와 함께 영롱한 화판을 활짝 쏟아 놓는다. 실안개가 드리운 우암산 야트막한 봉우리가 아련한 꿈결처럼 보인다. 개나리와 벚꽃이 맞닿아 실개천 양옆으로 터널을 만들었다. 흐르는 물소리를 따라 발걸음을 옮겼다. 초등학교 운동장에서 재잘거리는 소리가 새들의 노랫소리처럼 정답게 들린다. 벚꽃 위로는 햇살이 반짝이고 미세먼지 없는 하늘은 실개천에 푸른빛을 더한다. 바람이 햇살을 밀어내고 벚꽃 주위를 맴돈다. 꽃들은 어지러운 듯 흔들리다 바람을 따라 하늘로 날아오르다 다시 내려와 내 어깨 위에 앉는다. 사랑하는 연인이 어깨를 감싼 듯 가슴이 설렌다.

같은 취미를 가진 사람들이 모인 동우회원들과 동심으로 돌아가 재잘대며 걷자니 아파트 샛길 옆으로 노란 민들레가 모여 속살속살 우리 이야기에 끼어들었다. 우리는 봄볕과 꽃이 만발한 길 위에 이야기를 쏟아 놓는다. 감성이 뛰어난 한 여인이 연일 핸드폰을 눌러 예쁜 모습을 담는다. 입가에 살풋한 미소를 지으며 걷는 그녀의 모습이 깊은 사색에 빠진 듯 보인다. 살아온 인생길이 가시밭길이었던 동우회를 이끄시는 선생님은 뒤에서 천천히 우리를 호위하며 걷는다. 나이는 숫자에 불과하다는 것을 몸소 보이는 선생님은 걸음걸이조차 활기차 보인다.

코티분 향기와 닮은 꽃내음이 친정엄마를 생각나게 한다. 화사한 봄꽃 나들잇길에 예쁜 원피스를 입고 나풀거리며 춤추던 나의 모습도 잠시 떠올린다. 일행들을 돌아본다. 각각 살아온 길은 다르지만 우리는 지금 해질녘에 함께 서 있다. 해를 향해 서 있는 위치에 따라 그림자의 방향이 다르듯이 살아온 결과도 다른 모습이다. 소낙비가 내리던 날 소의 등도 오른쪽과 왼쪽이 달랐다. 왼쪽은 비를 맞고 오른쪽은 멀쩡했었다. 환경에 따라 소낙비를 피하지 못하여 그늘진 그림자로 서 있는 이들도 있을 것이거늘, 나는 살면서 소낙비를 피하는 쪽에 있었으니 감사한 일이다.

꽃잎이 원을 그리며 실개천에 내려앉아 물을 따라 흘러간다. 꽃잎과 동행하며 여행을 할 수 있으면 좋겠다. 우리는 둘레길 반환점에서 여섯 명이 만났다. 척박한 돌 사이로 보랏빛이 선명한 제비꽃이 무리지어 피었다. 그녀가 제비꽃으로 반지를 만들어 끼워 주었다. 클로버 꽃으로 팔찌를 만들고 반지를 만들어 채워주던 유년 시절 친구들이 떠오른다. 우리는 동심으로 돌아가 하하 호호거렸다. 꽃반지 낀 손과 손을 포개어 하트 모양을 만들고 사진을 찍어 저장하며 우리는 행복해했다. 주름 가득한 손은 연륜이 가득했지만, 꽃반지 낀 손가락들은 소녀들이었다.

꽃반지 낀 내 손가락을 본다. 어린 소녀의 나와 주름이 자글거리는 지금의 내가 꽃반지 속에 함께 있다. 봉숭아 볼 소녀가 할매로 모습은 변했으나 마음만은 변하지 않고 같은 연속 선상에 있다. 굽기는 했으나 쉬지 않고 일한 손가락이다. 남편 뒷바라지하면서 아이들을 길러냈고, 사업을 하면서 직원들에게 행복을 나눠준 손이다.

꽃은 열매를 맺어 종족을 번식하기 위한 초석을 마련한다. 사람들은 자신의 명예를 위해서 힘써 일하고 가족을 위해 재물을 모으며 최선을 다해서 산다. 꽃은 열매를 숨기고 가루받이를 하기 위해 활짝 피운다. 지금은 꽃만 보이지만 꽃이 지고 나면 꽃자루 속에서 열매가 자라기 시작한다. 여름에는 파란 열매가 자라고 가을이 되면 각자의 색깔대로 익어 사람들에게 달콤한 과일을 내어준다. 과일을 내어줄 때쯤이면 나무속에 나이테라는 주름을 몸에 새긴다. 사람들도 한평생 살면서 저들처럼 종족을 퍼트려 후손들을 내고, 삶이라는 과정을 지나며 내면에 연륜이 쌓여 나이테처럼 주름을 만들어낸다.

봄은 우리에게 많은 철학의 소재를 준다. 생명의 경이와 신비감을 일으키게 하는 계절이다. 산이 있고 물이 흐르고, 보리가 자라고 종달새가 노래한다. 꽃길을 걸으며 휴식 같은 시간을 보냈다. 찌든 때를 향기로 씻어내고 가슴을 열어 향기로 채웠다. 이제 욕심을 내려놓고 가벼운 삶이 주는 느긋한 마음으로 서로를 위로하며 행복이란 팝콘을 튀겨 나누려 한다.

밤이 지나 꽃구경 가고 싶다

아침이 더디게 온다. 침대에 누우면 한기가 들도록 가슴이 두근거린다. 바로 누워도 불편하고 모로 누워도 편하지 않다. 건강할 때 감사하지 못했던 나에게 미안하다.

약속한 모임에 가기 위해 현관문을 열고 나가다가 주저앉았다. 고통이 밀려온다. 계단 난간을 짚으면서 내려갔다. 휘청거리는 다리는 내 몸에 일부가 아닌 듯 자꾸만 뒤처진다. '병원으로 갈까?' 하다가 절뚝거리며 약속 장소로 갔다. 반갑다며 웃는 얼굴로 맞아준다. 고통은 여전했지만, 내색을 할 수는 없었다. 화기애애한 분위기에 누가 될까 싶어서였다.

집에 도착하자마자 씻는 둥 마는 둥 잠자리에 누웠다. 통증 때문에 잠을 설친다. 왼쪽 다리가 남의 다리 같다. 새벽 다섯 시면 일어나 샤워하고 간단하게 식사 준비를 하던 습관대로 몸을 일으켰다 앉기까지는 했는데 일어설 수가 없다. 남편이 무슨 일이 있었냐며 깜짝 놀란다. 어제저녁에 있었던 상황을 설명하니 응급실에 가잔다.

아침밥 먹고 병원으로 향했다. MRI 상으로는 뼈는 이상이 없으니 깁스를 하고 상태를 지켜보자고 한다. 이틀째 남편이 요리해서 밥을 챙겨 준다. 고맙다는 생각보다는 가시방석에 앉아 있는 것처럼 불편하다. 지팡이를 짚고 화장실에 가는 시간이 지옥 불에 들어가는 것처럼 두렵다. 변기에 앉는 것이 불편하다. 한 일주일 금식하고 싶은 심정이다. 물 마시는 것도 줄이고, 식사량도 줄였으면 좋겠다. 하지만 약을 먹어야 해서 그럴 수도 없다. 내 다리가 묶여 있는 게 불편해 깁스를 풀어 놓았다.

무릎과 발등이 소복이 부어오른다. 수건에 신문지를 두껍게 해 무릎이 움직이지 못하도록 감았다. 발가락이 움직이니 좀 살 것 같다. 다음 날 문제가 생겼다. 오른쪽 다리 오금지에 가래톳이 생겼나. 힘을 부베헤서 쓰지 못하고 오른쪽 다리와 지팡이 잡은 손에 힘을 주어서인 것 같다. 큰사위가 이 모습을 보고 깁스를 하고 걷는 방법을 시범을 보여 가며 알려주었다.

침대에 누웠으나 쉽게 잠이 오지 않는다. 다시 일어나 문학 카페에 들어가 이곳저곳 들렀다가 자리에 누웠다. 악몽에 시달리다 일어나보니 온몸이 땀으로 젖어있었다. 다리는 쇳덩어리를 달아 놓은 듯 무겁다. 새벽녘에 수면제를 먹었다.

제6부 안식을 준비하다

"9시야 일어나 아침밥 먹고 약 먹어요~."

남편 목소리가 비몽사몽 꿈결에 들리는 듯하다. 건강은 건강할 때 잘 챙겨서 가족들이 걱정하는 삶을 살지 않아야 행복한 삶이라는 생각을 하게 되었다. 지금 시간은 밤 11시다. 뜬 눈으로 지새울 밤이 두렵다. 새벽이 빨리 왔으면 좋겠다.

내일은 뿌리 병원에 가는 날이다. 의사 선생님이 회복되어 가고 있다고 하면 안심이 되려나! 다리를 만져본다. 뿌리가 튼튼하지 못한 내 몸 한 부분이 되어 고생이 많구나. 회복되면 게으름 피우지 않고 열심히 걸어도 주고, 잘 보살펴 줄게. 하늘나라에 별이 되신 엄마가 그리운 날이다. 동무와 놀다가 상처가 나면 빨간색 요오드를 바르시면서 "에구! 조심 좀 하지…." 하고 걱정하셨는데…. 지금은 남편이 "괜찮아? 앞으로 조심해서 다녀. 둘 다 건강해야 아이들이 걱정하지 않지." 하고 말한다.

한치 앞을 모르고 살아간다는 말이 맞는 말 같다. 건강할 때는 사랑과 행복만 보였다. 허약해지니 걱정과 슬픔만 밀려온다. 혼자 걷는 길에는 그리움이 있었고, 둘이 걷는 길에는 예쁜 사랑만 있었다. 이제 마주 잡은 손에서 의지함의 힘을 느끼고 싶다. 가을은 점점 깊어지고, 살살이 꽃들은 하늘거린다. 긴 밤은 지나가고, 건강한 다리로 꽃구경을 가고 싶다.

청화스님이 연결해 주신 선한 인연

불교계 큰 스님이셨던 '청화' 스님 49재齋 날이다. 남편과 함께 참석하려고 통도사로 향했다. 일반 신도들 49재는 참석해 보았지만, 스님들의 49재는 참석해본 적이 없다. 1924년도에 태어나신 스님은 메이지 대학교를 중퇴하고 성륜사 조실 태안사 조실 백양사 운문암에서 득도하여 청화라는 호를 내려 받으셨다. 살아서 득도하여 중생을 위해 설법하신 스님, 열반하셔서 극락정토로 가실까, 윤회하여 다시 사람 몸을 받아 중생을 교화하실까…. 짐승은 죽어서 가죽을 남기고 사람은 죽어서 이름을 남긴다 했다. 스님은 도를 이루고 도인이라 칭송 들으셨으니 그 이름이 불교계에 영원히 남을 건 확실하다.

언양휴게소에서 잠시 쉬어가기로 했다. 그런데 화장실에 다녀오겠다던 남편이 늦는다. 걱정되어 전화하니 계속 통화 중이다.

휴게실이 복잡하여 우리 차가 주차된 주차장으로 가서 주차된 차 옆에서 기다렸다. 30분쯤 지나니 짜증이 올라온다. 남편은 어디론가 전화를 하며 걸어왔다. 낯빛이 좋지 않은 나를 보더니 화장실에서 있었던 사연을 이야기한다. 화장실에서 낯선 지갑을 발견했다는 거다. 지갑에는 수표와 현금이 가득 들어있었고, 같은 이름의 명함이 여러 장이라 명함이 있는 번호로 전화를 계속 걸어도 받지 않았다는 거다.

통도사로 가는 하행선에는 차들이 긴 꼬리를 물었다. 행사시간에 닿아야 하니 일단 통도사로 가기로 했다. 남편은 운전하고 나는 옆자리에 앉아 계속 전화를 걸었다. 현금만 없었다면 시간을 낭비하면서까지 주인을 찾기 위해 필사의 노력은 하지 않았을 것이다. 지갑을 잃어버린 줄 알면 얼마나 당황할까. 주민등록증이라도 있었으면 경찰서에 갖다 주면 될 일이지만 명함밖에 없는 지갑이니 우리 부부가 찾아주어야겠다는 생각밖에 없었.

통도사 입구에 도착했다. 슈퍼에 들러 캔커피를 사서 마시면서 계속 전화를 걸었다. 신호음만 간다. 49재 참석도 중요하지만, 주인을 찾아주는 게 먼저인 것 같다. 그러던 중 통화가 됐다.

"혹시 지갑을 분실하셨나요?"

"아니요. 무슨 일이십니까?" 되묻는다.

"언양 휴게실에서 지갑을 취득해서요."

"잠깐만요. 어? 지갑이 없네?"

당황한 목소리가 들린다. 동일인이 맞는지 확인차 성함을 물었다. 명함에 있는 이름과 동일인이다. 현 위치를 물어온다. 통도사 앞 슈퍼라고 했다.

49재 행사도 끝나갈 무렵이라 참석해야 별 의미가 없어 우리는 청주 방향으로 가는 상행선 언양 휴게소를 약속장소로 정했다. 상하행선 휴게소 사이에는 지하 통로가 있어 직원들만 건너다닌다고 했다. 49재에 참석하고자 새벽부터 부산을 떴던 게 아쉽기는 했지만 좋은 일을 한다고 생각하니 서운함이 덜했다.

상행선 언양 휴게소에 차를 주차하고 전화를 했다. 휴게실 제일 높은 곳에서 전화를 받던 그 사람은 우리를 보고 달려와서는 손을 덥석 잡으며 고맙다고 연신 인사를 했다. 그는 언양 휴게소 하행선에서 전역한 해병대 전우들과 함께 교통봉사를 하고 있다고 했다. 전주에서 식당을 하는 사업가인데, 가게 잔금을 치르는 것을 오후로 미루고 불자로서 존경했던 청화스님 49재일을 맞아 봉사하고 싶어서 참석했다고 했다.

사례비라고 하며 십만 원을 준다. 우리는 사양했다. 그랬더니 청화스님이 좋은 분들과 인연을 맺게 해준 것 같다며 싱글벙글한다. 전주 들르는 길 있으면 전주비빔밥으로 대접하겠다고 했다. 목적은 49재 참석하는 데 있었는데 지갑을 취득하는 바람에 하루 일정이 바뀌었다. 우리 부부는 오늘 보람 있는 일을 했다며 서로 보고 웃었다.

순리

여름방학에 집에 내려오니 할머니께서 많이 편찮으셨다. 천수를 누리시고 이 세상과, 사랑했던 자손들과, 영원한 이별을 하실 때가 된 것이다. 지금 같으면 병원에 입원해 임종을 맞으셨겠지만, 60년 전에는 병이 나면 객지에 있다가도 집으로 돌아와 임종했다. 타지에서 돌아가시면 객사라고 하여 시신을 집에 들이지 않았다.

며칠 누워 계시던 할머니께 가시는 길에 양식하시라고 멀건 미음을 온 가족이 조금씩 떠 넣어드렸다. 할머니는 힘없는 눈으로 주위를 둘러보시고 손자인 오빠가 들어오는 것을 보시고는 옆으로 고개를 떨어뜨리셨다.

한의사가 맥을 짚으신 다음 임종하셨다는 말씀에 따라 수세를 거두고 혼백을 불러 입으셨던 옷가지를 지붕 위로 던지셨다. 소반에 삼색 나물과 접시 밥을 세 접시 담고 생전 신으시던 고무신을 대문 밖에 두었다. 할머니 모시고 갈 사자에게 대접하는 의식의 하나였다.

임종 후 3일장 5일장, 국장은 7일장 9일장을 하는데 일반인은 중생일이 끼지 않으면 3일장을 한다. 삼 일 동안 돼지를 잡아 삶고 음식을 넉넉하게 하여 동네 분들을 대접했다.

장례식 전날 빈 상여를 메고 재떨이라고 하는 행사를 하는데 요령잡이의 회심곡과 풍경소리에 상주와 동네 분들 모두가 가슴에 쌓인 슬픔을 눈물로 쏟아내었다. 예식하기 전 신랑 신부의 예행연습과 비슷하다. 장지에 가는 날 상여는 집안을 한 바퀴 돌고 동구 밖에서 한 번 더 발인제를 올렸다.

상여 뒤로 상주와 동네 분들이 뒤따르고 그 뒤로 만장 행렬이 기다랗게 줄을 서서 펄럭인다. 상여 앞에서 요령잡이가 어허 어허 댕그랑 회심곡을 부르고 뒤에선 상여꾼이 후렴을 한다. 작은 도랑이 있으면 노잣돈이 없어 못 건넌다며 상여를 땅에 내려놓는다. 상주들은 잔을 붓고 상여 줄에 노잣돈을 꽂아 드리면 상여는 다시 앞으로 나아간다. 장지까지 다섯 번이나 여섯 번 정도 반복되는데 노잣돈도 돈이지만 상여를 메고 가는 어깨를 좀 쉬게 하기 위한 것이 아닌가 생각된다.

상여 줄에는 돈이 만장처럼 꽂혀 있다. 나중에 상여꾼들의 수고비였다. 꼭 쥐고 태어난 아기 주먹에는 공기만 가득하고, 빈손으로 가는 망인의 노잣돈 역시 상여꾼에게 가니, 빈손은 태어날 때나 가시는 길이나 매한가지이다.

  같은 업식을 가진 부모와 인연이 되어 태어나고, 같은 업을 가진 자식을 낳고 길러준 은혜를 상여 줄에 받아 자식에게 빚진 것조차 탕감받으려고, 요령잡이와 상여꾼들에게 돌려주고 가는 장례 문화는 조상들의 지혜인 것 같다.

  장례를 모신 뒤 삼우제를 지내고, 살아생전 쓰시던 방에 지청을 꾸며 아침저녁으로 상식을 올리고, 초하루와 보름날에는 친척이 모여 제를 모셨다. 망자의 넋이라 믿던 손톱, 발톱, 머리카락은 삼베에 고이 싸고 곽에 넣어 지청 위에 모셔두었다.

  삼년상을 치르는 동안 맏상제는 죄인이라 하여 젯밥을 먹었는데 탈상 때가 되면 상주 얼굴은 핏기가 없었다. 진기는 혼백이 드시고 허울만 남은 뫼만 드셨으니 상주 얼굴이 수척해졌다고 어른들께서 말씀하셨다.

  태어나고 가는 것 또한 순리인데 태중에서는 엄마의 진기를 먹고 자라고 임종해서는 땅, 물, 바람으로 흩어지니 부모와 자식의 인연도 이와 같지 않을까 생각해 본다.

사랑으로 보듬으며

하루 3시간 외손녀를 보살핀다. 바로 아래층에 사는 손녀를 우리 내외가 보살펴주고 있다. 우리 내외는 15개월 된 손녀 마음이 무섭지 않고 외롭지 않고 기쁨이 가득하도록 보살피며 어루만져 키운다. 나는 내 아이들을 키울 때 내 몫을 충실히 하지 못했다. 건설현장을 점검하며 돈을 쫓느라 아이들을 외롭게 했다. 다들 장성하여 사회에서 제 몫을 하고 사는 게 고마울 뿐이다. 내가 아이들을 외롭게 했던 것이 상처가 또 다른 상처를 낳지 않기를 기도한다. 내 아이들에게 쏟지 못한 정성과 사랑을 손녀에게 쏟는다. 그런데 손녀는 제 어미가 퇴근하면 "엄마!" 하며 뒤도 안돌아보고 쫓아간다. '그렇지 할미가 아무리 정을 준들 제 어미를 어찌 대신하랴…' 표현은 못해도 엄마가 그리웠던 것 같다.

"엄마, 서윤이가 열이 있는 것 같아."

오늘도 딸이 손녀를 우리 집에 데려다주고 출근을 한다. 아기에게서 시큼한 냄새가 난다. 기저귀를 내려 보니 푸른 변을 묽게 쌌다. 놀란 것이 아닌가 걱정이다. 남편과 병원에 데려가 진료를 받고 유아원에 데려다 주었다. 오후 5시, 유아원에 도착했다. 알림장엔 손녀가 구토를 했다고 적혀있다. 체기가 있는 손녀에게 먹이려고 맑은 흰죽을 쑤었다. 한 수저도 먹지 않는다. 체한 게 분명하다. 퇴근한 딸에게 증상을 알려주고 아래층으로 보냈다.

오후 8시 30분, 손녀가 걱정되어서 아래층 현관문을 열었다. 재잘거리는 소리가 들린다. 언니와 장난감을 갖고 놀고 있다. 조금은 안심이다. 말을 하고 말뜻을 이해할 때까지 욕구를 충족시켜 줄 생각이다. 사랑을 충분히 받고 성장한 아이는 어른이 되어서도 나누며 사는 여유로운 마음이 있다. 사랑을 충분히 받지 못하고 자란 기억을 가진 아이는 어른이 되어서도 잠재된 사랑 결핍으로 마음 또한 가난하다. 손녀가 어른이 되어 여유롭고 따뜻한 사람으로 살길 바란다. 도덕적이며 윤리적으로 생각을 키워주기 위해 노력한다.

옛 어른들 말씀이 세 살 버릇 여든까지 간다고 했다. 잠시 보살피는 동안 협동심도 심어주고 배려심과 나눌 줄 아는 아이로 키워야겠다. 100세까지 사는 동안 사랑만 받는 삶이 되기를 할미가 기도한다.

좋은 기운

우리는 자연에서 태어나 자연에서 살다가 자연의 품으로 돌아간다. 태어나 처음 공기를 마시며, 물로 몸을 씻고, 땅 위에 살다 땅 밑에 눕게 된다. 인생을 바꾸려면 자연의 이치를 배워야 한다. 건축하는 사람의 기본 상식이기도 하여서 풍수지리를 배웠다. 풍수지리는 자연 원리를 응용한 학문이다. 바람, 물, 땅 등 자연 섭리를 연구하는 학문이지 신앙이나 종교체계가 아니다. 이규연 교수의 강의를 들으며 메모해 둔 내용을 나열했다.

길지로 이사하면- 건강의 호전, 재물이 늘어남, 사람의 도움.
흉지로 이사하면- 사람의 배반, 재물의 빠짐, 건강의 악화.
집을 매입할 때는 가족이 건강하고, 명예와 재물이 들어오고, 우환이 없는 집으로, 넓혀서 가는 집을 구입하려면 풍수의 원리를 잘 알아 좋은 집을 매입하는 것이 간접적 방법이다.

땅이 진실한 것은 자연이 만들어준 고유의 성격과 특성을 그대로 가지고 있기 때문이다. 비싸도 잘 되어 나가는 집을 매입하고 이사하면 잘사는 길임을 위에서도 말했지만 중요하기 때문에 한 번 더 강조한다.

금고는 돈과 관련된 문서, 통장, 서류, 현금 등을 보관한다. 돈은 음양에서 음에 해당된다. 어두운 곳을 좋아하므로 어두운 곳에 두면 돈이 잘 붙는다.

거실은 원형 형광등을 사용하면 가족들이 화합, 단결된다. 마음이 편하고 건강하며 가정이 행복하고 사업이 순리적으로 잘되려면 자연과학을 이해해야 한다. 집은 천장이 높아야 좋은 기운이 모인다.

오행의 상생, 목생화, 나무는 불에 타니 불을 생산한다. 화생토, 불은 재를 남기어 흙이 된다. 토생금, 흙 속에 광물질이 있으니 금속이다. 금생수, 금속은 수분을 지닌다. 수생목, 수분은 나무를 자라게 한다.

목→화→토→금→수의 상생 순환 사이클을 이룬다.

가. 사계절 방위와 오행

 북·수 → 겨울 → 12월, 1월, 2월

 동·목 → 봄 → 3월, 4월, 5월

남·화 → 여름 → 6월, 7월, 8월

　　서·금 → 가을 → 9월, 10월, 11월

　　중앙·토 → 환절기 → 2~3월, 5~6월, 8~9월, 11월~12월

나. 인생의 사계절 방위와 오행

　　동·목 → 성장기, 출생 ~ 20세

　　남·화 → 활동기, 21세 ~ 40세

　　서·금 → 결실기, 40세 ~ 60세

　　북·수 → 황혼기, 61세 ~ 80세

　　중앙·토 → 조상기, 80세 ~ 사망

다. 양에서 음으로

　　북·수(현무) 가장 → 주인

　　남·화(주작) 지인 → 손님(객)

　　동·목(청룡) 자손 → 남자 손

　　서·금(백호) 자손 → 여자 손(딸, 며느리)

　　중·앙·토(혈) → 조상

라. 오행과 상극

(상극관계가 있으면 불길하다. 반대로는 성질로 조화를 이루지 못한다.)

　목극토: 나무는 흙을 파헤쳐 정복한다.

금극목: 칼이나 톱으로 나무를 벤다.
화극금: 불로써 금속을 녹인다.
수극화: 물로써 불을 끈다.
토극수: 흙으로 제방을 막아 물을 가둔다.
목 ← 금 ← 화 ← 수 ← 토 ← 목 상극관계를 이루고 있다.

마. 온전한 혈토

(온화한 기운이 있어 살아있는 생기를 느끼게 한다.)
입자가 가늘어 세립이다.
단단하게 굳어있다.
고기 지방처럼 빛나는 광택이 있다.
물이 침투하지 않는다.

바. 부적절한 흙

흙의 입자가 굵어 흘러내리는 것
건조하여 푸석푸석한 것
습하여 질퍽한 것
모래, 자갈이 섞여 있는 것
흙이 흘러내려 쌓여 있는 것
물이 침투하는 것

온전한 혈을 얻어 조부모를 모시면 지, 덕이 상승하여 조부모 뼈에 실리게 되고 여기서 발생한 이로운 동기를 가진 후손에게 기감이응을 통해 전달된다.

사. 양택 3요소
　제1요소 대문
　제2요소 안방
　제3요소 주방

시작이 좋아야 하듯 대문으로 좋은 기운이 집으로 들어와야 한다. 주택의 기운과 대문의 기운이 서로 잘 어울려 조화를 잘 이루어야 집안이 번성하고 재물이 들어오며, 화평하게 복을 누릴 수 있어 장수하게 된다.

안방은 주거 공간에서 제일 좋은 기운 즉 생기가 머물러야 하는 곳, 안방은 부부가 거하며 휴식을 취하는 방이며 가정을 이끌어 가기 위한 계획, 설계, 생산을 위한 공간이므로 가징 좋은 곳에 위치해야 한다.

주방은 음식을 만드는 공간이 좋아야 맛있게 조리하여 즐겁게 섭취할 수 있다. 기분 좋게 먹으면 건강하여 병고가 없는 것이다. 그러므로 먹는 즐거움이 있는 공간을 좋은 위치에 만들어야 한다. 이상적인 주방을 만들기 위해서는 장단의 길이를 비슷하게 하여 좋은 기운이 머물게 하는 것이다.

 풍수지리학 이규언 교수님께 강의 들은 내용을 메모해 둔 것을 살면서 비교 분석하니, 자연의 이치와 실생활이 맞게 떨어져 가감 없이 적어 본다.

제7부

연못

일하느라 엄마 역할도 제대로 못 하는
내 연못에 찾아온 아이들이 고맙고 기특하다.
이제 내가 마음먹은 것은 모두 이루었으니
다섯 아이가 잘살기만 바랄 뿐이다.

수세미

담장 주위에 수세미를 심었다. 수세미가 노란 꽃을 피우기 시작하니 삭막한 담장이 그림을 그려 놓은 듯 예쁘다. 사방이 아파트로 둘러싸인 도시에서는 보기 힘든 풍경이라 볼 때마다 흐뭇하다.
수세미는 개화하고 일주일이면 오이만큼 자라고 속이 연해서 식용으로 가능하다. 수세미 달인 물을 비단수라 하여 목과 콧병에 도움이 되고 폐가 약해지거나 내열이 있을 때 소염과 해독작용에 좋다. 사포닌이 많이 함유된 수세미는 인삼을 대신하여 죽을 쑤어먹고 기력을 회복하는 노인분들이 많았다. 수세미 성분이 몸에 좋다는 것을 어떻게 알았을까? 선조들의 지혜로움에 머리가 숙여진다. 그래서인지 예전에는 집집마다 수세미를 많이 심었다. 담장에 가는 덩굴손을 뻗어 어디든 올라가는 수세미가 매달려 있는 것을 보면 신기하다.

오래전 여물지 않은 수세미를 소금과 식초에 씻어 물기를 닦아 내고 토종꿀에 저며 놓았다. 어떻게 알았는지 서울에 있는 친척이 연락했다. 수세미 발효액을 구해 달라고 했다. 그녀는 병원에 다녀도 낫지 않는 갑상선 암에 수세미 발효액이 특효라는 이야기를 듣고 백방으로 찾는 중이라고 했다. 나는 집에 있는 것을 반절 덜어 주었다. 일 년 후 친척 내외분이 오셨다. 내가 준 수세미 발효액이 암 치료에 직접적인 영향을 주었는지는 모르지만, 그녀는 내가 생명의 은인이라며 고마워했다. 수세미를 먹고 갑상선 암에 완치 판정을 받았다고 해서 너무 기뻤다.

몇 해 전 방죽말로 연꽃을 보러 갔다. 연꽃 방죽 옆으로 세운 그늘막에는 수세미가 주렁주렁 달려있어 이국적이었다. 활짝 핀 연꽃보다 수세미가 더 보기 좋아 수세미에 흠뻑 빠졌다. 나는 설거지용 수세미를 만들고 싶어 남편에게 두 개만 가져가고 싶다고 했다가 한 소리를 들었다. 남편이 나처럼 수세미에 대한 추억이 남아있는 사람들이 많을 텐데 욕심을 내면 안 된다고 했다. 아쉽지만 남편의 말도 일리가 있어 그냥 발길을 돌려야 했다.

수세미는 파종한 지 2개월이 지나면 오이처럼 열매를 맺는다. 열매가 성숙하면 외과피와 내과피가 건조해지면서 누르스름하게 변해 간다. 이후 4개월 정도 지나면 팔뚝만큼 자란 수세미를 수확할 수 있다. 수세미를 끓는 물에 데쳐서 외과피를 제거한 뒤 잘라 그릇을 씻거나 흰 고무신을 닦았다.

70년대 초반만 해도 모든 물자가 부족했다. 그 시절에는 들일을 할 때 집에서 쓰는 놋그릇이나 사기 막사발로 이동하기에는 무거워서 박을 심어 박 바가지를 그릇 대용으로 썼다. 모내기나 밭일을 할 때 광주리 가득 박 바가지를 가져가 바가지에 갖가지 나물과 밥 한 주걱을 담고 참기름과 고추장을 넣어 비벼 먹었다. 들에서 먹는 비빔밥의 맛을 어찌 표현할까. 박 바가지가 뚫어지도록 박박 긁어 먹고 나면 빈 바가지에는 고추장 물이 붉게 물들었다. 그렇게 붉은 물이 든 바가지를 밀가루나 밀기울을 풀어 수세미로 닦으면 다시 뽀얀 박 바가지가 되었다. 참 신기한 일이었다. 쉽게 깨지거나 구멍이 나서 못 쓸 것 같은 바가지를 수세미로 닦아 볕에 말려 꽤 오래도록 썼던 것 같다. 요즘으로 말하면 천연 세제에 천연 수세미라서 자연환경을 보존하는 일등 공신이었지 싶다.

세월이 좋아져 요즘은 용도에 따라 다양한 재질의 수세미가 나온다. 스테인리스 냄비나 녹슨 부분을 닦는 철 수세미는 철을 깎아 먹고 반짝이 실로 뜬 수세미는 세균이 살기에 적당해 자주 소독을 해야 한다. 하나 천연 수세미는 쓰고 나서 햇볕에 말리면 소독이 된다. 또한, 물만 닿으면 금방 부드러운 수세미가 되니 경제적이기도 하다. 밀가루만 조금 풀어 설거지하면 손도 부드러워지니 일석이조가 아닌가? 그러고 보면 수세미는 생김보다 팔방미인이다. 껍질부터 속까지 하나도 버릴 게 없으니 말이다.

　요즘 새삼스레 수세미에 빠져 있다 보니 우리 자식들도 수세미처럼 하나도 버릴 것 없는 사람이 되었으면 좋겠다는 생각을 한다. 한낱 식물인 수세미도 다른 종을 해치지 않고 속까지 내어주어 환경을 살리는데 사람들은 식물보다 나은 생을 살아야 하지 않겠는가. 나는 오늘도 수세미로 밥그릇을 씻으며 오 남매가 수세미 같은 사람으로 살아가기를 마음속으로 기도한다.

마당

 삼대가 살던 친정은 마당이 있는 ㄷ자 기와집이었다. 봄이 오면 우물가에는 흰 매화가 피었고 배꽃이 마당을 환하게 밝혔다. 마당쇠가 빗살무늬를 남기며 바닥을 쓸고 있으면 가랑이 사이로 삽살개가 발자국을 남기며 한가로운 풍경화를 그리곤 했다.

 여름밤이면 집 마당에 멍석 세 닢을 펼쳐놓고 나이별로 모여 앉아 이야기꽃을 피웠다. 딸들이 모기에 물리지 않도록 어머니가 생 쑥을 베어다 모닥불을 피우면 메케한 쑥 냄새와 연기가 마당을 돌며 모기를 쫓아 주었다. 불타는 쑥 속으로 감자와 옥수수를 넣어 구워주셨던 어머니의 사랑 한 자락도 쑥 연기처럼 모락모락 피어올랐다.

일 년 내내 사람 발자국이 지워지지 않았던 마당에서 오빠가 결혼하던 날에는 근동에 있는 분들이 모두 모여 축하를 해 주었다. 그 시절 마당은 서로의 안부를 묻는 장소이기도 했고, 비슷한 또래의 아들딸이 있는 분들은 마당이 가교역할을 해서 백년가약을 맺기도 했다. 마당을 지키던 나무가 사계절 철 따라 다른 모양의 나이테를 만들며 서 있듯이 우리 집 마당도 해마다 그곳에 새로운 모습의 나이테를 남겼다.

　오빠에게만 한결같은 사랑을 주시던 할아버지의 임종이 가까워지던 날 친인척들에게 연락을 드렸다. 인사차 방문하는 손님들로 방문이 열릴 때마다 할아버지는 숨소리를 가랑거리며 무거운 눈꺼풀을 들어 올리셨다.

　'도련님 오셨어요!'라고 하는 머슴의 목소리가 들리고, 문이 열리며 할아버지를 부르는 오빠 목소리에 할아버지는 눈을 번쩍 뜨시고 바라보셨다. 오빠가 가까이 가서 미음을 세 번 떠 넣어드리니 할아버지는 고개를 외로 젖히고 숨을 거두셨다. 임종하셨다는 소리와 함께 곡소리로 먼 길 떠나시는 할아버지의 여행길을 알렸다.

　출상 전날, 우리 집 마당에서 빈 상여를 메고 발을 맞추며 댓떨이를 했다. 슬픔에 잠긴 상주들을 위로하기 위하여 빈 상여를 메고 선소리에 맞춰 후렴구를 붙였다. 다음날은 행여 안에 고인을 모시고 마당을 한 바퀴 돌고 난 후 평소 할아버지가 즐겨 다니시던 친구 집과 친척 집, 그리고 자주 다니시던 길을 돌아 다시 마당 안으로 돌아왔다. 초경, 중경, 종경이라 하여 마당을 세 번 돌고 마지막인 대문을 나섰다. 할아버지는 경상도가 고향이시니 돌아가신 후에 그곳 풍습으로 해 드리는 것 같았다.

마당 귀퉁이 감나무 아래에는 방공호가 숨겨져 있었다. 6.25사변이 일어났을 때 공습경보가 울리면 온 식구가 숨어 숨죽이며 목숨을 부지하던 곳이다. 그곳은 할아버지 할머니 가슴에 쇠처럼 단단한 옹이를 박은 곳이기도 하다.

방공호가 답답하다며 집을 나갔던 혈기왕성했던 젊은 삼촌은 그대로 행방불명이 되었다. 흔적도 없이 사라진 삼촌은 할아버지 할머니께서 소천하신 후 삭은 아버님이 DNA를 등록하시고도 몇 년이 지나서야 국군 일병으로 전사했다는 연락을 받으셨다. 작은 아버님은 아들의 생사도 확인하지 못하고 돌아가신 할아버지 할머니 묘소에 가 아뢰며 눈시울이 붉어지셨다. 걸핏하면 울리는 공습경보에 가슴에 멍이든 방공호도 할아버지 할머니의 가슴 아픈 사연을 고스란히 기억하고 있을 것 같다.

집안에 경사가 있을 때마다 덩달아 바빠지던 마당이 오빠가 태어나던 날은 아마도 금빛 나이테를 만들고 아래로 칠 공주가 태어날 때마다 마당은 무늬 없는 나이테를 품었을지도 모르겠다.

고운 나이테와 쇠처럼 단단한 나이테를 번갈아 만들며 3대를 키워낸 마당은 이제 텃밭으로 이용하고 있다. 마당에 새겨진 나이테도 세월 앞에는 장사 없음을 실감한다.

추억의 재래시장

 젊은 날에 늘 시간에 쫓기며 출퇴근하며 살았다. 그렇다 보니 느긋하게 시장을 볼 시간적 여유가 없었다. 백화점 식품부나 농협마트, 다농, 이마트 등 대형식품점에 가서 필요한 식자재를 구매하여 먹었다. 주차공간이 편리했고, 시간 절약을 할 수 있어서 좋았고, 물론 신선해서 식감도 좋았다.
 그런데 나이가 들면서 시간 여유가 생기자 재래시장을 이용한다. 하던 일을 내려놓고 아침잠이 적어지고부터는 재래시장으로 간다. 재래시장에 가면 대형마트와 달리 좌판을 펼치고 앉아 있는 할머니들을 만날 수 있고, 왁자한 거리를 거닐며 추억을 소환하는 즐거움도 있다.
 대형마트에 진열된 때깔 좋은 하우스 채소보다는, 때깔은 그만 못 하나 재래시장 노지 채소가 훨씬 더 고소하고 식감 또한 좋다.

시장 가까이 버스가 하차하는 곳에서 기다리면 머리에 이고 손에 들고 내리는 촌로들이 하나둘 길옆에 난전을 편다. 새벽바람은 차다. 제일 연장자처럼 보이는 할머니에게서 가져온 푸성귀와 봄나물을 모두 샀다. 고맙다며 내 손을 잡는 할머니의 손등은 거북등처럼 갈라지고 엉경퀴처럼 까슬까슬하다.

얼른 집으로 가서서 따뜻한 아랫목에 몸을 녹이셨으면 하는 마음이 앞선다. 나물 보통이를 들고 싱글벙글하는 내 모습이 이상해 보였는지 사람들이 힐끗힐끗 쳐다본다. 시장 안은 음산할 만큼 한적하다. 생선, 채소, 옷가지에도 호패처럼 가격표가 붙어있다. 홍정 없이 필요한 물건을 돈을 내고 사가라는 뜻으로 보인다. 매일 전쟁터 같던 시장 안은 코로나 19라는 폭탄을 맞아서 스산하니 냉기가 돈다. 버스를 타고 돌아오자니 아련한 추억에 떠오른다.

그날은 5일마다 돌아오는 장날이었다. 어머니는 할머니를 모시고 장 나들이에 가서서 집에 나 혼자 있었다. 그때 찰칵찰칵 굵고 투박한 가위소리가 들려왔다. 엿장수가 지나가는 소리다. 엿을 바꾸어 먹을 게 없나 해서 집안 구석구석 빈 병이나 낡은 냄비를 찾아보아도 눈에 띄지 않는다. 그때 우물가에 놓여있는 누런 놋쇠 대야가 보였다. 들어보니 제법 무겁다. 엿장수가 가기 전에 힘에 부친 무거운 대야를 가지고 나갔다. 그랬더니 엿판에 있는 엿 전부를 주는 거다. 이게 웬 횡잰가. 동네 아이들을 모두 모아 엿판을 벌였다.

　점심때가 지나 시장에 가신 할머니와 어머니가 돌아오시면서 많은 엿을 보고 놀라셨다. 자초지종을 들은 어머니는 기막히다는 표정으로 "아이고! 얘 좀 봐라! 그게 얼마나 비싼 놋대야인데 엿과 바꾼단 말이냐! 이런 세상에! 어쩜 좋단 말이냐!" 하시며 큰 소리로 나를 나무라셨다. 그리고는 나를 앞장세워 엿장수를 찾아 장터에 가보자며 길을 나섰다.

　재래시장 안은 사람들로 북새통을 이루고 있었다. 멍석을 흙바닥에 깔고 옷감을 파는 분도 계셨고 기성복도 팔았다. 나무상자 안에는 토끼도 있고 어미 닭이 품고 있는 노란 병아리를 팔러 온 아주머니도 계셨다. 사람들이 북적거리는 모습은 역동감이 넘쳤다. "뻥이요!" 고함과 동시에 구수한 냄새가 시장 안을 휩쓸고 지나갔다. 면사무소 옆에는 냄비도 때우고 고무신을 붙이는 사람 등 놀라운 풍경에 이곳저곳 기웃거리며 구경에 정신이 팔렸다.

　그때 "너 여기서 뭐하고 있니? 네 엄마가 아래쪽 장터에서 너를 찾아 이곳저곳을 헤매고 다니신다." 하고 친구 엄마가 말씀하셨다. 나는 그제야 어머니를 잃어버린 것을 알고 장바닥에 주저앉아 울음을 터트렸다. 아주머니는 나의 손을 잡고 어머니를 찾아 돌아다녔다. 장이 파하고 사람들이 거의 빠져나가고 한산해진 다음에야 어머니를 찾았다. 어머니 옷은 땀으로 범벅이 되어 동네 부잣집 마님 몰골이 말이 아니었다. 놋대야를 되찾기는커녕 내 손을 잡는 어머니 손이 파르르 떨렸다. 집에 돌아와 싸릿가지로 종아리를 맞았던 그 날의 일은 지금도 그리움으로 머물러있다.

오늘도 재래시장에 갔다. 구면인 옷집 사장님이 차 한잔하자며 불러들였다. 코로나역병으로 장사를 접어야 하나 생각이 많단다. 세금도 내야하고 월세도 밀리니 한 달 한 달이 고역스럽다고 했다. 게다가 난전에서 장사하는 노인네들 때문에 장사가 더 어렵다고 볼멘소리다.

"아니, 채소 가져와 파는데 옷 장사와 무슨 상관이 있어요?" 했더니 아니란다. 채소나 과일을 사러 가게에 들렀다가 옷도 사 가는 건데, 신선하고 싼 맛에 난전에서 사고 바로 돌아간다고 했다. 공감은 하면서도 어느 편을 들어 이야기할 상황이 아니다. 모두가 어려운 시기를 견디고 있기 때문이다.

시장 안은 흥청거리는 맛이 있어야 하고, 한잔 얼큰하여 갈지자로 걷는 남정네들도 있어야 제 맛이다. "뻥이요!"하고 뻥튀기 터지는 기계음도 들리고 엿장수의 묵직한 가위소리도 있어야 한다. 5일장마다 시장에서 만난 친구와 안부도 묻고 회포도 풀고 뜨끈한 곰탕 한 그릇 먹으며 세상 돌아가는 이야기도 있어야 한다. 할아버지는 5일장마다 생선 한 코 손에 들고 휘이휘이 내젓는 팔자걸음에 생선 비린내를 묻혀 오시곤 했다. 끌끌 혀를 차며 할아버지 명주 두루마기를 손질하시던 나의 할머니 모습이 선연하다.

장독

　친정집 장독대에는 유난히 큰 장독이 있었다. 쌀 두 가마가 들어가는 장독이었는데 말 통을 엎어놓고 그 위에 올라서서 쌀을 퍼내어 밥을 지었다. 여느 집에서는 광 안에 쌀독을 두고 사용했는데, 우리 집은 장독대 위에 두고 사용하는 게 이상해서 할머니께 여쭌 적이 있었다.

　할머니께서는 '일제 강점기에는 정부에 곡물을 바쳤는데 그때 일본 순사의 눈을 따돌리려고 장독에 쌀을 절반가량 붓고 참나무 숯을 문종이에 싸서 독 안에 넣은 다음 그 위에 다시 쌀을 붓고 보자기를 덮은 뒤 비료 포대를 올리고 나서 쌀이 보이지 않게 소금을 덮어 위장했다고 했다. 그뿐만 아니라 혹시 장독대 위에 쌀알이 떨어져서 잡혀갈까 봐 장독대 위를 물로 깨끗이 씻어냈다고 했다. 일본 순사의 감시를 피하기 위해서라고 했지만 어떻게 그런 생각을 했을까? 이 모두가 위험을 무릅쓰고라도 식구들을 굶기지 않으려는 마음에서였을 것이다.

  우리집 장독에서 된장과 고추장이 익어가고 있다. 장독은 발효 과정에서 발생하는 가스를 배출하면서도 필요만큼의 산소를 공급받을 수 있는 숨구멍이 있어 장이 맛있게 익는다.
  장독대에는 작은 항아리들도 놓여있다. 크기가 제각각인 작은 항아리에는 술이나 식료품 등을 보관했는데 외부 환경으로부터 내용물을 보호하는 기밀성에 초점을 맞춘듯하다.

  장독과 항아리는 용도가 달라서인지 만드는 과정도 다르다.
  장독은 유약을 바르지 않고 항아리는 유약을 바르는데 유약을 바르는 이유는 내용물을 오랫동안 신선하게 유지하기 위해서라고 한다.
  장독은 모양이 크고 둥글다. 된장과 고추장이 익어가며 발효할 때 얼마나 속이 뒤틀리는 고통을 감내하고 있을까? 장독은 일란성 쌍둥이의 큰형 같은 너그러움을 품고 있는 듯하다.
  동생인 항아리는 투박한 형과 달리 날렵하고 매끄럽다. 항아리에는 술이나 식료품을 보관하는데 형인 장독보다는 덜 고통스럽지 않나 생각하니 얄미운 동생 같은 생각이 든다.
  가끔 항아리인 동생은 큰 형이 담고 있는 된장과 고추장을 부러

위하기도 하겠지만, 서로가 내용물을 바꿔 담아본다면 작은 항아리인 동생은 숨을 쉬지 못하는 고통과 함께 내용물은 썩어갈 것이다.

장독인 형은 술이나 식료품을 담아둔다면 처음은 좋아하겠지만 온도와 들락날락하는 산소공급으로 인해 말라서 제 역할을 못하고 빈 장독이 될 것이다.

장독과 항아리는 일란성 쌍둥이처럼 생긴 모양은 비슷하지만, 성격이 다른 것처럼 장독과 항아리의 역할이 다르니 제 몫에 충실할 때 내용물 또한 오래 보존되지 싶다.

우리 집에는 할머니와 어머니로부터 내려오는 100년도 더 된 씨간장이 있었는데 간장독 주둥이에 소금 꽃이 피었다. 귀한 씨간장이 담긴 항아리가 보기 흉하고 얼룩덜룩해서 행주로 닦아내면 다시 소금 꽃이 피곤했다. 걱정하고 있던차에 누가 구운 아주 까리로 문지르면 좋다고 해서 해봤더니 정말 소금 꽃은 피지 않았다. 이 얼마나 신기한 일인가. 옛 어르신들은 어떻게 그런 지혜로운 생각을 했을까? 세월이 좋아졌어도 선조들이 사용하던 민간요법이 우리 생활에 요긴하게 쓰이는 것을 보면 존경스럽다.

할머니와 어머니는 보름날마다 목욕재계한 뒤 장독을 닦고 그 위에 정화수를 올려놓고 기도를 올렸다. 두 분이 장독대에서 정성을 들일 때 마침 달이 물그릇 위에 뜨면 두 분 얼굴에는 함박꽃이 피었다. 소원이 성취될 것이라고 믿는 듯했다.

　어느 해에 갈평댁은 장맛이 변했다면서 우리 집으로 장을 얻으러 왔었다. 갈평댁이 다녀간 후 할머니는 '장맛이 변하면 그 집에 변고가 생길 텐데.'라고 걱정을 하셨다. 그 해 갈평댁은 초상을 치르는 힘든 일을 겪었다. 음식이 먼저 변고를 알렸다고 하면 믿어지지 않겠지만, 안 믿을 수도 없는 것이 옛날에는 실제로 그런 일이 있었기 때문이다. 옛말에 장맛이 좋은 해에는 식구들이 건강하고 재물이 늘어난다고 했다.

　부모님이 모두 소천하시고 나서 장독을 모두 농막으로 옮겼다. 할머니와 어머니의 손때가 묻은 장독과 항아리를 가져와 장독대 위에 나란히 줄을 세우니 서른 개가 되었다.
　깨끗하게 닦아 반질반질해진 장독대를 바라보니 부자가 된 듯 푸근하다. 장독대에는 옻 된장과 100년 묵은 씨간장이 담긴 장독도 있다. 세월이 흘렀어도 어머니 손맛을 간직한 된장과 간장을 먹을 수 있다는 것이 얼마나 다행스러운지 모르겠다. 햇살이 좋은 날은 장독과 항아리를 닦는데 장독에 흐르는 무지갯빛 물방울에서 할머니와 어머니의 환영이 보이는 듯하다. 어머니는 아실까? 살림에 관심도 없는 내가 당신이 남긴 장을 가보처럼 생각하고 소중하게 여긴다는 것을.
　내가 떠나고 난 뒤 아들이나 딸이 농막에 살게 된다면 4대째 내려가는 유산이 될 듯하다. 나는 작은 항아리에 곡식이나 양념을 담아 사용하는데 딸들한테도 알려줄 것이다. 요즘 젊은이들은 간편하게 사용할 수 있는 플라스틱 용기를 많이 쓰고 있지만, 숨 쉬는 항아리만큼 좋은 게 없는 것 같다. 소금, 고추, 참깨, 콩을 항아리에 보관하면 나방이나 벌레 한 마리 보이지 않는다. 예쁘고 실용적인 용기보다 사용이 다소 번거롭기는 하지만 옛것을 소중히 여기는 마음도 있었으면 좋겠다.

문

유년 시절에 살았던 디귿 자로 된 기와집에는 안채와 사랑채 그리고 행랑채가 있었다. 방마다 손잡이를 꽃으로 장식한 격자문이 있었는데 바람이 불 때마다 문 창호지에서 통통 북소리가 났다. 바람이 북채가 되어 문종이를 두드리고 지나갔다.

친정어머니는 계절마다 새 문종이를 바르기 위해 문을 떼어냈다. 먼저 문살에 물을 품어 헌 문종이를 불린 다음 벗겨내고 문살마다 작은 수건으로 깨끗이 닦아내고, 닥나무로 삶아 만든 새 문종이를 붙이고 난 다음 물을 다시 뿜어 문살에 문종이와 풀이 한 몸이 되게 하여 그늘에 말렸다. 문종이가 마르면서 갈라지는 것을 방지하기 위한 어머니의 지혜였다.

문종이를 새로 바르고 나면 방에서는 닥나무 냄새가 정겨웠다. 나는 문종이를 바르는 날 내 방 문짝은 방에 들여놓았다가 제일 나중에 달아 달라고 했다. 밋밋한 문종이에 그림을 그리고 장식하기 위해서다.

벼루에 먹을 갈아 문종이에 나무와 나뭇가지를 그렸다. 나뭇가지를 섬세하게 그리기 위해 청색 잉크를 대접에 부어 솔가지에 찍어 툭툭 뿌리면 나뭇가지가 바람에 흔들리는 것처럼 보였다. 어머니는 명절 때마다 치마저고리 끝동과 옷고름에 금박을 예쁘게 찍어 만들어 주셨다. 금박을 이용하면 훨씬 고급스러워 보였다. 나는 엄마 서랍장에 있는 금박을 몰래 꺼내와 겨울나무처럼 쓸쓸해 보이는 가지 위에 올려놓고 인두로 눌러 붙였다. 그러면 격자문에 반짝반짝 빛나는 금박 꽃이 피어났다.

나중에 결혼하면 띠살문에 문종이를 바르고 지나가는 바람이 장구채가 되어 통통 북소리가 나는 집에서 살아야겠다고 생각했다. 밤이면 달님이 마실 오고 나뭇가지 그림자가 기웃거리는 집에서 알콩달콩 사는 모습을 부모님께 보여 드리고 싶었다.

어려서는 문이 많은 집에 살면서 문의 의미를 알지 못했는데 상급학교에 진학하면서 문에 경계가 생겼다. 유년 시절과 달리 학교에 가려고 방문을 열고 나가는 순간 치열한 경쟁이 기다리고 있었다. 문은 높은 문턱뿐만 아니라 꿈을 꿀 수 있는 혼자만의 공간을 만들어 주기도 했다. 목소리가 좋은 선생님을 짝사랑하는 마음을 들킬세라 문고리에 걸어 놓고 열병을 앓기도 했다.

직장에 근무할 때 상무님으로부터 한 남자를 소개받았다. 목소리가 좋았다. 불현듯 목소리가 좋아 열병을 앓아가며 짝사랑했던 선생님을 다시 만난 듯 착각을 했다. 그와 일 년을 교제하며 차츰 짝사랑했던 선생님은 희미해졌고 우리는 결혼을 하게 되었다. 피로연에서 신랑은 친구들 앞에서 '저 푸른 초원 위에 그림 같은 집을 짓고'를 불렀다. 새로운 문 안으로 들어가는 날이었다.

결혼과 동시에 직장을 그만두고 가정주부로 살았다. 아이들이 태어나면서는 남편이 지고 가는 등짐을 나눠어야겠다는 생각이 들었다.

남편의 반대에도 굴하지 않고 건설업을 시작했다. 운이 좋아서인지 수주가 많이 들어왔다. 신바람이 나게 일하며 계약날짜를 준수하고 신용도를 높여갔다.

오랫동안 꿈을 꾸면 이루어진다더니 남편의 정년을 오 년 앞두고 있을 즈음 우리 부부는 띠살문이 있는 우리의 집을 설계하고 완공하였다. 수고했다면서 우리 부부는 기쁨의 포옹을 했다.

우리가 지은 집에서 띠살문을 열고 닫을때마다, 유년에 살았던 친정집이 한 폭의 수채화가 되어 다가왔다. 격자문에는 지나가는 바람이 통통 북소리를 냈다. 내가 얼마나 그리워하던 소리인가.

 칠순을 넘긴 지금은 문을 여닫는 것이 편안하다. 마음이 편안하니 꽃살문에 꽃처럼 향기가 난다. 하나둘 내려놓으며 살아가다 보니 문의 경계는 스스로가 만든 벽이었음을 깨닫는다. 행복과 불행이 따로 있는 것이 아니다. 생각 여하에 따라 불행할 수도 있고 행복을 맛볼 수도 있다. 문은 있으나 안과 밖이라는 의식이 없었던 바람처럼 자유롭던 유년의 날들이 그립다.

치자국수

기세가 꺾인 태풍이 유리창을 흔들며 지나간다. 이렇게 궂은 날씨엔 노란 치자 국수를 해 주시던 어머니가 생각난다. 우물가에 심은 치자나무 열매는 9월이면 황홍색으로 익어갔다. 꽃이 피면 온 집안이 꽃향기로 호강을 하고 사람들의 입 꼬리가 벙그러졌다. 엄마는 좋아하셨던 치자꽃과 잘 익은 치자열매로 낡은 모시옷에 물을 들여 능소화처럼 예쁘게 입으시고 열 두 식구의 생일 때마다 정성스레 국수를 밀어 어머니 옷처럼 빛깔 고운 치자국수를 먹게 해 주셨다.

노란 치자 물에 밀가루와 날콩가루를 섞어 반죽을 하셨던 어머니는 쫀득해 질 때까지 오랫동안 치대셨다. 치댄 밀가루 반죽을 국수 판위에 얹어 넓히다 보면 둥근 맥반석 모양의 국수판이 되었다. 밀가루를 살살 뿌리며 접어서 썰어 놓으면 석양에 묻든 물결처럼 빛깔이 고왔다. 우리는 어머니 칼판 끝에 옹기종기 모여 있다가 국수 꼬랭이를 얻어 짚불위에 구워먹었다. 바삭하고 고소해 과자 같았다.

끓여 놓은 토종닭 육수에 치자 국수를 손끝으로 살살 털어 넣어 삶으면 푸른빛 호박과 노란 국수가 어우러져 보카시 털실처럼 예뻤다.

생일날 노란 치자국수는 장수하기를 바라는 어머니 마음과 노란 황금을 연상하며 부유하게 살기를 기도하는 마음이라고 하셨다. 한방에서는 해열, 이담, 지혈, 소염의 효능이 있어서 온 가족이 건강하기를 바라는 간절함도 있었을 것이다. 생일날마다 가족을 위해 번거롭다 생각지 않으시고 해주셨던 어머니 정이 그립다.

친구에게 국수가 먹고 싶다고 전화하니 집으로 오겠다고 했다. 미지근한 물에 치자를 넣었나. 연한 노란 색이 동그라미를 그리며 풀어진다. 친구가 치자 물을 보고 무엇에 쓰려는지 묻는다. 오늘같이 태풍이 불고 구중한 날씨에는 뜨끈한 국수가 제격이지. 어깨수술로 밖에 나가 먹는 것도 번거로우니 치자구수를 해서 먹어보자고 했다.

콩가루 대신 기피한 들깨가루를 섞어 친구에게 치자 물에 밀가루와 섞어 치대게 했다. 친구는 식탁위에 보자기를 깔고 칼도마에 국수반죽을 올려놓고 맥주병으로 밀어놓았다. 토종닭 육수 대신에 한우 육수에 치자국수를 썰어 놓은 것을 넣었다.

　보글보글 끓는다. 조금 남겨둔 국수 꼬랭이를 석쇠위에 올려 구웠다. 봉긋하게 일어난다. 꿀에 찍어 먹으니 바삭하게 씹히는 맛이 자매들과 함께 했던 옛 추억이 생생하게 목덜미를 잡는다. 우리는 치자 국수를 창문에 부딪치는 빗소리처럼 후루룩 후루룩 소리를 내며 먹었다. 친구는 참 신비한 맛이라고 했다. 나는 포크로 국수를 돌돌 말아 입에 넣었다. 입속에서 국수 사리가 치자꽃으로 피었다. 엄마가 해주셨던 깊은 맛과 다른 오묘한 맛이 났다. 한우 누린내를 잡아줄 청양고추를 썰어 넣었더니 칼칼한 맛에 들깨가루에 구수한 맛이 더해져 울적한 기분을 달래주었다.

　친구는 가난한 집에서 잔칫날 달걀 대신 치자 물에 밀가루를 풀어 전을 부쳐 보내는 건 봤어도 치자국수는 처음 먹어본다고 했다. 같은 고향인데도 집안마다 음식 풍습도 다른 것 같다고 하였다. 우중충한 비오는 날 노란 치자 칼국수를 벗과 함께 먹으니 따뜻한 온기가 더해진다.

연못

우리 집에는 두 개의 연못이 있다.

한 개는 퇴직 후 살 집을 설계하고 건축할 때 만들었다.
 연못을 파면서 분수도 세웠는데 청룡조각상이었다. 동으로 만든 청룡은 연못 위로 시원한 물줄기를 뿜어내었다. 반짝 지나가는 소나기라도 내리는 날이면 연못에 무지개가 떴다.
 한여름에는 홍련과 백련이 앞다투어 피어났고, 연못 위에는 개구리밥이 떠다녔으며 아래로는 물고기들이 헤엄쳐 다녔다. 밤이 되면 별과 달이 내려오고 연못은 그들을 따뜻하게 품어주었다.
 고요한 밤에 연못을 들여다보면 연못은 한 폭의 그림을 그리느라 붓질을 하고 오석으로 둘러싸인 춘담에 앉으면 펄쩍 튀어 오르는 붕어의 은빛 비늘에 현혹되기도 했다.

또 하나의 연못은 내 안에 있다. 다섯 명의 아이를 생산해 낸 저수지다. 결혼 후 연년생으로 들어선 아들을 잃고 난 후 우울증에 시달렸다. 상식적으로 생각해도 일어날 수 없는 일이었기에 더는 아이를 낳지 않겠다고 마음먹었다.

다니던 은행에 복직계를 내고 복직을 기다렸다. 아이 잃은 마음이 서서히 안정을 찾아갈 무렵 음식 냄새가 역하고 소화가 잘 되지 않았다. 임신이었다. 하나, 기쁨보다는 가슴이 덜컥 내려앉았다. 아이를 잘 지켜낼 수 있을까 걱정이 앞섰다. 복직하라는 연락을 받고 남편과 상의 했다. 남편은 복직보다는 아이를 원했다. 먼저 간 아이들은 내 잘못이 아니고 병원의 실수였으니 잊으라고 했다.

입덧은 오래 지속되었다. 토하지 않은 음식은 유일하게 매운 쫄면뿐이었다. 제대로 먹지 못하니 걸어 다닐 힘조차 없었다. 내게 찾아온 작은 생명을 지키기 위해 뭐든 먹어야 했는데 먹는 것마다 다 토했다. 어머님께서 참가죽잎으로 장떡을 만들어오셨다. 뱃속 아기가 할머니의 음식이 입에 맞았는지 신기하게도 그때부터 입덧이 줄었다.

출산 예정일을 일주일 남겨두고 양수가 흘러내렸다. 남편은 출근하고 없으니 가까이 사는 큰형님과 함께 병원에 도착했다. 한 시간여의 진통 끝에 예쁜 딸이 태어났다.

첫째가 세 살이 되었을 때 둘째가 들어섰다. 순둥이가 태어나려나 둘째는 입덧도 수월하게 지나갔다.

둘째도 딸이었다. 입덧하지 않아서인지 볼이 통통하고 하얀 피부를 갖고 태어났다. 둘째가 5개월이 되었을 때 남편은 느닷없이 정관수술을 받겠다고 했다. 어이가 없었다. 나는 수술하고 오면 이혼하겠다고 나는 꼭 집안에 대를 이을 아들을 낳겠다고 엄포를 놓았다. 남편에게 아들을 낳겠다고 큰소리를 쳤지만 내심 걱정이 되었는데 조급한 내 마음을 아는지 아이는 잘 생겼다.

셋째가 들어섰다. 건축 사업을 하던 때였는데 몸이 깃털처럼 가벼웠다. 혹시 사내아이일까 기대했는데 양수검사를 하니 딸이라고 했다. 딸 세 명을 키울 생각을 하니 눈앞이 캄캄했다. 유산을 시킬 생각으로 산부인과로 걸어가고 있었는데 회개 기도가 터져 나왔다. 눈물이 주르륵 흘러 도저히 산부인과 문을 열 수가 없어서 돌아서 나왔다.

새로 건축한 집으로 이사하는 날을 앞당겼다. 이삿짐을 싸는 것도 혼자 했고 정리하는 것도 혼자 했다. 배가 뭉쳤다. 태아는 아기집을 지키려 용을 쓰는 것 같았다.

셋째가 태어났다. 살고 싶지 않았다. 산모인 내가 먹지 않으니 젖이 나오지 않았다. 시어머님이 산후조리를 해 주러 오셨는데 집으로 가시라고 밀어냈다. 사람이 싫었다. 남편은 하루에 세 번씩 집에 들락거려야 했다. 아랫집에 사는 사모님이 밥물을 끓여 셋째에게 먹여 근근이 연명하게 하였다. 산모와 신생아가 바람 앞에 등불처럼 꺼져가니 사람들이 애를 태웠다.

힘이 없어 울지도 못하는 셋째를 바라보는 내 눈에서 피눈물이 뚝 떨어졌다. 퍼뜩 정신이 들었다. 내 아이를 살리기 위해서라도 내가 정신을 차려야 한다는 생각이 들었다. 나는 병원에서 처방해 준 약 이틀분을 먹고 안정이 되었다.

건축업을 하는 나는 연년생인 둘째와 셋째를 태우고 현장을 점검하며 다녔다. 마음이 안정되니 뭐든 순화롭게 풀렸지만, 마음 한구석이 늘 허전했다. 하지만 무슨 운명인지 넷째도 딸이었다.

막내딸이 네 살이 되었을 때, 다시 아이가 찾아왔다.
가슴이 두근두근 뛰었다. 딸이면 유산시킬 생각으로 병원을 찾았다. 다섯째는 아들이었다. 지성이면 감천이라더니 얼마나 기다리던 선물이던가. 나도 모르게 뜨거운 눈물이 흘러내렸다. 나는 그렇게 내 연못에서 다섯 아이를 생산해냈다. 연못은 우주를 담고 있다. 세상의 모든 것을 품어 키우는 것이 연못이듯 이만하면 내 연못도 역할을 다했지 싶다.

일하느라 엄마 역할도 제대로 못 하는 내 연못에 찾아온 아이들이 고맙고 기특하다. 이제 내가 마음먹은 것은 모두 이루었으니 다섯 아이가 잘살기만 바랄 뿐이다.

크면서 그다지 애먹이지 않고 잘 자란 애들과 손주들을 담은 내 연못은 이제 한 장의 멋진 가족사진으로 남을 것이다. 청룡조각상을 품은 우리 집 연못이 계절마다 새로운 풍경을 쓸어 담는 것처럼 말이다.

김춘자의 수필세계

오경자
(수필가, 평론가, 한국수필문학가협회 고문)

| 김춘자의 수필세계 |

희망과 성취를 서정적 수필로 빚어낸 솜씨

오경자

(수필가, 평론가, 한국수필문학가협회 고문)

수필은 자신의 체험을 글감으로 하는 문학이다. 아무리 좋은 말을 아름다운 문장으로 꾸며도 자신의 이야기와 사상이 없으면 명문은 될지언정 수필이 될 수는 없다. 그런데 묘한 것은 그 체험을 있는 그대로 쓰는 것으로만 그치면 그것 또한 재미있는 이야기는 될지 모르나 수필은 아니다. 어쩌면 이것이 수필의 정의 자체라고 해도 과언이 아닐 것이라는게 대부분의 수필관이라 할 수 있다. 수필가 김춘자는 이런 면에서 수필다운 수필을 잘 쓰는 수필가이다. 이번 그의 수필집《도장 속에 핀 꽃》은 작품들이 주제가 확실하고 전하고자 하는 뜻을 잘 드러낸 그야말로 뼈가 있는 수필들이다.

  그의 수필세계는 세상을 긍정적으로 보는 데서 출발한다. 체험을 글감으로 하는 특성 때문에 회고가 대부분을 차지하는 경우가 많은 게 수필 작품이다. 그 회고가 즐거운 내용 보다는 가슴 아프거나 서러운 경우가 많아서 글이 처지기 쉽고 천착할 때가 많다. 그런데 김춘자의 수필은 그 회고 속에 교훈이 있고 성찰이 있다. 그리고 성취의 의지가 있고 꿈이 있다. 그 꿈은 그의 수필 속에서 아름다운 열매를 맺는다. 그의 수필 세계는 성취의 기쁨을 은은히 담고 있어 흡족한 미소를 머금은 소녀의 얼굴 같다.

성취를 담아내는 그릇이 겸손

  김춘자의 수필은 성취를 담아내는 희망의 노래가 대부분인데 그 전반에 겸손이 깔려 있어 아취가 있는 수필을 빚어내는데 성공했다. 자녀들의 형통함을 말 할 때도 조심스러운 마음이 행간을 가득 메우고 있다. 자신의 성취를 말 할 때도 자신의 능력이나 재주를 말하기 보다는 세상 이치의 순리에 돌리며 지극히 조심하는 낮은 자세를 유지한다.

  김춘자는 〈내삶에 달뜬 날〉에서 자신의 시가 공모에 최우수상으로 뽑혀서 작곡되어 새 노래의 발표회가 열린 날의 장면을 가감 없이 절제된 모습으로 담아내는 여유를 보이고 있다.

제 작시가 희망을 선물했다는 평을 받았습니다. 분에 넘치는 칭송이었습니다. 청중이 가득 찬 경기아트센터 사회를 맡은 아나운서께서 작시자 김춘자, 작곡자 최현석 소개가 있었습니다. 떠나갈 듯한 박수 소리에 사방을 향해 90도로 인사를 했습니다. 모든 시선이 저를 향하는 것을 보고, 내가 태어난 충청북도에 모래알처럼 작은 홍보를 한 것 같아 기뻤습니다.

차창 밖에 여름 장마가 시작됐습니다. 자작자작 내리던 비가 굵은 소낙비로 변해 쏟아지며 오케스트라 연주를 합니다. 천둥 번개가 앙코르 오케스트라 연주를 합니다. 비가 온들 바람이 불든 무슨 상관이리요. 내 마음에는 환히 달이 뜬 걸요. 삶은 아모르파티입니다.

"삶은 아모르파티야!"

운전하는 남편 손을 슬쩍 잡으며 외쳐봅니다.

— 〈내 삶에 달뜬 날〉 중에서

성취를 낼 할 때 아무리 조심해도 사랑으로 전해지기 쉬운데 김춘자는 자녀의 성취를 이야기 할 때 진솔한 사랑의 향훈만 전해지도록 세심한 배려를 염두에 두고 수필을 빚어내고 있다.

막내딸 내외가 신혼여행에서 돌아와 집밥을 먹는 날이었다. 식사하고 후식을 마치자 자리에서 일어나는 사위에게 설거지를 시켰다. 그랬더니 '잘못 들었나?' 하는 표정으로 바라본다. 식사하고 난 뒤에 마무리 하는 것이니 둘이 협동해서 잘 살아 가라는 장모의 바람이라고 말했다. 그 뒤부터는 네 명의 사위가 순번을 정해서 함께 여행을 가거나 맛 집 기행을 한다. 막내로 태어난 아들은 처가에서 아들 노릇을 잘하고 있으니 나로선 많이 남는 장사다. 우리 부부에게는 네 명의 사위가 든든한 아들 노릇을 하고 있다.

— 〈아들 사위 남는 장사〉 중에서

김춘자는 자신의 성취도 만만치 않게 화려한 삶인데도 불구하고 그것은 거의 행간에 묻는다. 그리고 그 성취를 담아내는 그릇이 대부분 자식과 가족의 성공을 담아냄으로써 진한 가족애를 주제로 형상화 하는 수필을 쓰고 있다. 그 가족애가 자랑으로 흐르지 않도록 그 안에 세상 이치라는 순리가 녹아 있어 독자의 공감을 쉽게 불러온다.

김춘자는 이번 수필집의 표제작인 〈도장 속에 핀 꽃〉에서 태어나서 처음 갖게 된 도장을 통해 자신의 면모를 스스럼 없이 드러내며 성취의 기쁨을 절제미로 담아내고 있다.

당시 월급이 12만원이었다. 그런데 어쩌자고 상아 도장으로 마음이 쏠린단 말인가. 주저하지 않고 한 달 봉급 가까운 가격 되는 상아 도장으로 새겨 달라고 했다. 지금이나 그때나 대책 없는 성격은 매한가지였던 것 같다. 상무님이 동그랗게 뜬 눈으로 쳐다보시고, 인각하시는 분 또한 놀라셨다. 그날 상아 도장에 이름이 새긴 내 도장을 찍어 보고 또 찍어 보았다. 그렇게 매일 사용하는 상아 도장 위로 실핏줄 같은 인주가 붉게 물들어 오르내리며 내 자리를 견고히 잡아갔다. 도장과 관계된 우리나라의 아픈 역사가 잠시 떠올랐다. 일제가 지주들의 땅을 수탈하기 위하여 도장을 만들어 나누어 주고 강제로 찍게 했다는 일이 생각나면서 도장의 중요성과 책임성을 마음에 새긴다.

거의 월급과 맞먹는 돈을 주고 새긴 상아 도장을 5년 동안 사용하다 보니 테두리가 먼저 닳아 이름만 섬처럼 동동 찍힌다. 인각하시는 분께 부탁드려 닳은 부분을 잘라내고, 재인각 하였다. 도장 덕분일까, 일복이 터져서일까, 길게 썼던 도장은 여섯 번을 재 인각해서 썼다. 그렇다 보니 도장 높이가 절반으로 줄었다. 도장을 많이 사용했다는 것은 계약이 많이 성사되었다는 의미이다. 경제적으로 여유가 생기니 도장 꽃이 핀만큼 내 얼굴에도 웃음꽃이 피었던 것 같다.

― 〈도장 속에 핀 꽃〉 중에서

김춘자는 회고 속에 성찰을 잘 담아냄으로써 자신의 행보나 성취에 대해 자만하거나 자랑하는 모습을 내보이지 않는다. 독자는 그런 면에서 진한 공감을 느끼고 수필의 향훈을 몸으로 느끼는 기쁨을 맛 볼 수 있다.

　도장 하나에서 그는 자신의 인생행로에 대해 지극한 감사와 즐거운 성취감을 무언으로 노래하는데 성공한다. 부유한 형편임에도 옛 어른들의 남존여비 사상에 입각한 잘못된 선택으로 대학 진학을 포기 당했지만 그는 그에 대한 원망을 한 마디도 하지 않는다. 할아버지는 그냥 할아버지일 뿐이다. 그것은 작가의 가슴 넓은 인품의 발로이다. 김춘자의 인생관, 세계관이 그의 수필 전편에 흐르고 있다.

　자녀들이 잘 자라 준 가장 큰 성취에 대한 김춘자 수필의 절정은 감사가 그 주제이다.

　　이제 아이들 다섯이 제 짝을 만나 일가를 이루어 살고 있으니 아이들에게서 해방될 때가 되지 않았나 하는 생각이들었다. 한 달에 한 번 씩 돌아가면서 아이들이 집에 오니 사실 남편과 둘이 보내는 시간이 줄어들었기 때문이다. 어떻게 말해야 오해가 없을까 생각하다가 쌀방게처럼 야무진 셋째 딸에게 귀띔했더니, 셋째는 엄마 모두 한 날 오라고 하면 되지요. 얼굴도 보고 근황도 듣고 맛집 찾아 외식도 하고요.라고 했다. 지금은 셋째 딸의 제안을 받아들여 그렇게 하고 있다. 더 바랄 나위가 없다.

　　　　　　　　　　― 〈더 바랄 나위가 없다〉 중에서

성찰이 바탕을 이루면서도 교훈적이지 않은 수필

김춘자의 수필은 성찰을 담고 있으나 교훈적이지 않은 표현으로 오히려 강한 울림을 준다.

> 살면서 난관이 있을 때마다 남편이 신혼 때 했던 말을 떠올린다. 스스로 성찰하고 반성하는 시간을 가졌다. 나는 감성적인 사람이다. 판단할 일이 있으면 즉석에서 한다. 늘 설익은 밥이다. 그런 내가 남편과 반세기 가까이 살면서 뜸을 들이다 보니 뜸이 들기 시작했다. 이제는 죽을 먹는 날은 서로를 바라보며 웃는다.
>
> — 〈삶은 뜸 들이기〉 중에서

신혼 초 밥을 할 줄 몰라 죽을, 그것도 설익은 죽을 나누어 먹던 추억을 불러들여 쓴 수필의 한 대목이다. 작은 체험에서 삶이 뜸들이기라는 거대담론을 이끌어내고 있는 발상의 신선함을 즐길 수 있는 작품이다.

우리의 삶 속에서 교훈을 얻을 수 있는 일들이 많은데 그것을 일상사에서 일어나는 일들이나 자연 현상 속에서 우리들의 삶의 모습을 대비해 보면서 큰 깨우침을 받는 글감을 김춘자의 수필에서는 쉽게 만날 수 있어 매우 큰 유익을 준다. 수필의 큰 덕목 중

하나인 유익한 글이라는 실감을 갖게 하는 글을 만나는 것은 독자의 행복이다.

논 쪽을 향해 남편을 쳐다보았다. 파사리가 끝났는지 장화는 씻어 논둑에 두고 얼굴을 씻는다. 수건을 가져다 주고 논을 바라보니 물을 대고 있다. 갈라진 논바닥에 물이 들어가는 것을 보니 내가 다 시원하다. 진작 지하수를 올려 물을 줄 것이지 논바닥이 갈라지도록 두느냐고 한마디 했다 그랬더니 일부러 그러는 거란다. 논을 바짝 말리는 이유는 담금질시키는 거란다. 모든 자연은 담금질이 필요하듯 벼도 담금질을 시키는 거란다. 직접 농사를 지어 본 적이 없으니 옆 논이 물을 대면 물을 대고 물을 빼면 자기도 뺀다고 했다. 논에 물을 빼주면 벼 뿌리들이 물을 찾아 깊게 내리박히게 되면서 태풍이 와도 견딜 수 있게 하는 것이라고 했다. 벼가 목마름을 견디고 스스로 깊게 뿌리를 내리며 살길을 찾을 수 있도록 자립심을 키워주는 것이었다.

―〈담금질〉 중에서

자연에서 배우는 유익한 수필이 아닐 수 없다.

평범한 일상 속에서 진솔한 고백을 담은 수필

내가 계단처럼 누군가에게 발판이 되었을까 생각해 봅니다. 계단을 오르면서 한 번도 '수고하네'라고 고맙다고 말한 적이 없어요. 이제 뒤돌아볼 마음의 여유가 생기니 계단이 있어 걷는 것이 편안했다는 걸 깨닫습니다. 무생물인 구조물이 생물인 인간인 나에게 불평 없이 베풀었다고 생각하니 그저 감사할 따름입니다.
— 〈모르고 살았네요〉 중에서

표현이 담백하고 간결하다. 그러나 그 표현 속에 성찰과 감사가 흥건히 배어난다.

인간애가 넘치는 수필

김춘자의 사랑은 가족에 머무르지 않는다. 그의 수필은 인간애가 넘쳐난다. 청각장애인 이웃의 가족이 모여 앉아 침묵으로 대화하는 모습을 지켜 보다가 한 아이가 좀 다른 것을 발견하고 그 아이를 병원에 데리고 가서 엄청난 발견을 한다. 정상인인 아이가 청각장애인들과만 지내다 보니 말 할 기회가 없어 혀가 굳어져서 말할 수 없다는 진단을 받는다. 그 아이의 치료를 계속

하면서 자신의 집에 데리고 있었다. 그러다가 남편이 아이를 밖에서 낳아 왔다는 헛소문이 돌기 시작하여 공직자 남편을 보호하기 위해 어쩔 수 없이 그 아이를 시골 집으로 돌려보내 치료를 중단할 수밖에 없이 되었다.
그 이야기를 진솔하고 솔직하게 한편의 수필로 빚어냈다. 아무 가감없이.

> 이제 겨우 마음이 열려 재잘거리는 아이를 보내기에는 마음이 허락지 않았다. 유치원에 선납한 수업료도 연말까지라 데리고 있었다. 주변 사람들의 엉뚱한 소문으로 신경이 쓰였다. 하는 수 없이 초등학교 입학 할 봄날에 아이를 시골로 보냈다. 밥상에 숟가락 하나 더 없는 마음으로 막내딸과 함께 다니게 해주었으면 좋았을텐데---, 소문으로 인하여 공직자인 남편에게 누가 될까 봐 고민하다 아이를 보내고 만 것이다. 지나놓고 나니 그때 내 짧은 생각이 후회된다.
> ― 〈봄과 함께 왔다 간 아이〉 중에서

이글은 독자의 가슴을 먹먹하게 하고 숙연해지게 한다. 집으로 돌려보내면서 가슴 아파하는 마음과 남편의 앞길을 행여나 막게 되면 안된다는 배려가 그의 가슴 밑바닥에서 요동치는 소리를 독자가 듣게 되는 수필이라 할 수 있다. 넓은 인간애의 응집이 강한 주제 형상화로 다가오는 수필이다.

  김춘자의 사랑은 인간애에 한정되는 것이 아니라 생명을 가진 것에 대한 폭넓은 사랑으로 이어진다. 거미의 집 짓는 솜씨를 칭찬하면서 그 집 자리가 지금은 좋으나 겨울을 어찌 날거냐며 걱정이 태산이다. 생명에 대한 깊은 애정의 발로이다.

> 장구봉 가로등을 의지하며 집을 짓고 살아가는 거미는 집터를 잘 잡은 걸까? 찬 서리 내리는 장구봉에서 은빛으로 빛나는 아름다운 거미줄을 치고 둥지를 튼 거미야, 춥고도 긴긴 겨울을 어이 나려 하느냐. 비바람을 피할 수 있는 안전한 곳에 집을 지었다면, 좋은 터에 집을 짓고 사는 사람들처럼 포근하고 안락하게 살아 갈 수 있을 것인데 말이다. 거미의 겨울나기가 걱정된다. 여름 내내 시원한 바람과 청솔 향을 맡으며 곤충들을 집으로 유인하며 잘 먹고 사니 지금이야 좋겠다만 겨울나기가 만만치 않을 것 같다.
>   — 〈긴긴 겨울 어이날꼬〉 중에서

  이 글은 거미의 겨울 나기를 걱정하는 동물사랑을 읊고 있지만 당장만 생각하는 사람들의 행태를 은유적으로 묘사한 글이다. 깊은 교훈을 담고 있으되 전혀 딱딱하게 들리지 않는 서정적 표현이다.

역지사지, 배려의 수필

　수필은 자신의 이야기를 쓰는 것이기에 역지사지가 없으면 메마른 내용이 되기 쉽고 자만의 결과로 나타나는 위험을 안고 있는 글이다. 김춘자는 세상의 순리를 바탕에 깔고 매사를 역지사지의 시각으로 보고 재해석하는 보배를 가슴에 안고 있는 작가이다. 그의 효심 또한 이런 역지사지에서 더 빛을 발한다고 할 수 있다.
　어머니의 시앗이 밤이면 아버지의 퉁소 소리에 맞춰 담장을 넘나든다. 그 여인은 옛 머슴의 과부다. 어머니의 외로운 몸 뒤척임과 아버지의 퉁소소리, 치맛자락 스치는 소리를 매개로 그의 역지사지는 기막히게 펼쳐지고 아버지에 대한 변함 없는 존경심과 어머니에 대한 연민과 시앗에 대한 분노가 한데 엉긴 심사를 역지사지로 풀어낸 그의 수필은 그야말로 절창이다. 이 바탕은 그의 폭넓은 인간애와 역지사지에서 출발한 폭넓은 관용이다. 그의 그 관용은 부모 모두에게 지극한 효성의 교향악이라 할만하다.

　　봄날이다. 살구나무가 환하게 등을 밝혀 찬지가 환하다. 그 시절 우리 집 담장에도 해마다 이때쯤이면 아름드리 살구나무가 불을 환하게 밝히곤 했다. 염치가 뭔지 모르는 살구나무는 주체하지 못하게 뻗은 무거운 나뭇가지를 아랫집 담장에 슬그머니 올려놓고 있었다.

퉁소 소리가 들린다. 아버지는 밤마다 사랑채에서 퉁소를 부셨다. 밤이면 심금을 울리는 퉁소 소리가 온 집안에 울려 퍼졌다. 그 소리는 살구나무 가지를 타고 담장을 넘어 아랫집까지 갔다. 음악이 뭔지 몰랐던 내게 그 퉁소 소리는 염치를 모르고 떠돌다 그치는 소음일 뿐이었다.

그 소리가 신호라도 되는 양 사르륵사르륵 치맛자락 끌리는 소리가 들렸다. 퉁소 소리가 멈추면 사랑방 등잔불도 꺼지고 밤의 고요를 뚫고 하늘의 별들이 키득거렸다. 우리 남매들은 알고 있었다. 아니 살구나무도 알고 있었다. 살구꽃이 만발한 그 밤에 우리 집안에 어떤 일이 벌어지고 있는지를…. 안방에서 외로 누워 속울음 우시는 어머니 등으로 창문을 비집고 달빛이 들어왔다. 자다가 비몽사몽 눈을 부비며 소피를 보러 나오면 아랫집 머슴 마누라가 사랑채 마루에서 내려오곤 했다.

화사한 봄날, 선남선녀가 백년가약을 맺고 동네잔치가 벌어진 날도 있었단다. 그날도 담장에 아름드리 살구꽃 가지가 차일 아래까지 쳐들어와 아버지 어머니 혼례를 구경했단다. 살구꽃 꽃말이 수줍음, 비겁한 사랑, 이혹이라던가. 혼례를 치르는 신부는 수줍음에 고개를 숙이고 훗날 염치없는 사랑을 할 신랑은 싱글벙글 했단다. 어머니의 수줍은 사랑이, 내 아버지의 불꽃 사랑이 꽃말처럼 변질되어 살아갈지 누가 상상이나 했겠는가!

— 〈퉁소 소리〉 중에서

추억을 맛깔스럽게 갈무리 하는 수필

　수필은 추억을 담아내기 마련인데 대부분 소소한 이야기 이거나 가난했던 지난날의 아픔들이기 쉬워서 대동소이한 느낌을 받기 쉽다. 김춘자의 수필 〈마당〉은 옛집의 마당을 추억하면서 삼촌의 행방불명과 후에서야 확인한 6·25 한국전쟁 중의 전사 사실을 담담하게 써내려 감으로서 민족비극의 거대 담론을 무리 없이 담아낸다. 수필이 시대의 증언 임을 보여주는 작품이다.
　〈추억의 재래시장〉은 놋대야를 엿 바꿔 먹는 이야기다. 어린 시절의 실수담을 여과 없이 솔직하게 그려내서 수필의 요건 솔직성이 어떤 것인가를 웅변으로 보여준 교과서적인 수필이라 할만하다. 아이의 호기심과 그 시대의 단면하나를 재미있게 보여준 작품이라 하겠다.
　〈문〉은 우리 전통적 문풍지에서부터 문의 변천과 오늘과 내일을 그림처럼 보여주며 주제를 형상화하는데 성공한 수채화 같은 작품이다.
　〈먹감나무〉는 숙성을 잘 그려냈고 〈장독〉은 사경적 표현이 일품이다. 〈목욕탕 청소하는 여자〉는 부부애를 아주 담담하게 표현하고 있어 더 감동을 주는 은은한 작품이다.

김춘자와 달

이 책에서 그는 서정의 근원을 달에다 둔 듯 하다. 달은 그에게 희망이요 빛이었다. 은은한 가운데 밤을 밝히는 그윽한 달빛이 마치 작가 자신의 삶의 태도와 많이 닮았다는 생각이 들면서 오묘한 감동을 받았다. 그의 달은 시상식장에도 있고 장독 항아리 위에도 있지만 모두 다 그의 가슴속 큰 포부를 담고 있다.

은유적 구성과 담담하면서도 간결한 표현 속에서 깊은 주제를 만날 수 있는 김춘자의 수필은 혼탁한 세상에서 지친 마음을 말갛게 씻어주는 정화수의 역할을 톡톡히 해줄 것이라 생각되어 일독을 권하는 바이다.

김춘자 수필집

도장 속에 핀 꽃

인쇄 2025년 5월 15일
발행 2025년 5월 20일

지은이 김춘자
발행인 서정환
펴낸곳 수필과비평사
주소 서울시 종로구 삼일대로 32길 36, 305호
    (익선동 30-6 운현신화타워 빌딩)
전화 (02) 3675-3885, (063) 275-4000 · 0484
팩스 (063) 274-3131
이메일 sina321@hanmail.net   essay321@hanmail.net
출판등록 제300-2013-133호
인쇄·제본 신아출판사
ISBN 979-11-5933-585-3 03810

값 15,000원

저작권자 ⓒ 2025, 김춘자
이 책의 저작권은 저자에게 있습니다.
서면에 의한 저자의 허락없이 내용의 일부를 인용하거나 발췌하는 것을 금합니다.

이 책은   의 후원을 받아 발간되었습니다.